Narrativas sobre la Identidad Docente

Trayectorias vitales
del profesorado universitario

Alberto Gárate Rivera

NARCEA, S.A. DE EDICIONES

© NARCEA, S.A. DE EDICIONES
Paseo Imperial, 53-55. 28005 Madrid. España
www.narceaediciones.es

ISBN papel: 978-84-277-3223-0
ISBN ePdf: 978-84-277-3224-7
ISBN ePub: 978-84-277-3225-4
Depósito legal: M-186-2025

Ilustración de cubierta: Karla Ivette Islas Morales

Impreso en España
Printed in Spain

Para Isabel, mi nieta.
Como a Asahel, también nos la trajo Elpis, la deidad de la esperanza.
Ella crecerá y descubrirá los misterios de la vida.
Confiemos en que todavía haya libros que iluminen sus pasos.

Para Alejandra, Mónica y Carolina,
cuyas buenas vidas, equilibradas e integrales, no requieren del sacrificio
para llegar a las alturas de los sabios inalcanzables.
En el devenir cotidiano de los días, a Elva y a mí
nos hacen sentir como buenos enseñantes.

Mis agradecimientos a Doris E. Becerra Polío,
Eduardo Romero Sánchez y Diana I. Soria Jaquez.
Los tres fueron generosos aportando sus habilidades
lectoras e información relevante para este trabajo.
Permanezco en deuda con ellos.

En Las noticias del gran mundo (2020), *película actuada por Tom Hanks y dirigida por Paul Greengrass, con guion adaptado de la novela* News of the World, *(Paulette Jiles, 2016), el personaje central es un pregonero en transición, y no el clásico hombre del medioevo español que se dedicaba a ir de pueblo en pueblo para leer, en el centro de la plaza, edictos oficiales emitidos por el gobierno o la monarquía en turno. Este individuo iba por las comunidades del Oeste de los Estados Unidos, en el último cuarto del siglo XIX, llevando las noticias del mundo. Contaba lo que había más allá de esos poblados, utilizando como instrumento de trabajo, el periódico. Para mantener la atención, actuaba, gesticulaba, inventaba y recreaba la información. Llevaba el conocimiento y con ello vinculaba a los habitantes con el mundo que existía allende las fronteras.*

Las trayectorias laborales relatadas en este libro son las de seis profesores universitarios que les viene muy bien la metáfora del pregonero que vive la transición de la universidad actual. En su acción educativa, contaron, compartieron, tuvieron información y la difundieron; la pusieron en los pupitres de sus estudiantes, en la pizarra y, en años recientes, en las presentaciones proyectadas desde una infaltable computadora. Empezaron contando sobre la historia y la ciencia de una manera (la personal de cada cual), y los cambios sociales y culturales los fueron llevando a difundir el conocimiento por vías que, en los albores de su actividad académica, no sospecharon.

¿Qué fue lo que atesoraron? Las noticias del mundo, el saber mismo o, para decirlo en una frase: el saber de ellos, de los pregoneros modernos que cambiaron las plazas públicas y las tabernas del viejo Oeste, por los salones de clases universitarios. Hanks, encarnando a un veterano de la Guerra de Secesión, honró el arte de pregonar; a su vez, los profesores de estas historiashonraron la profesión que eligieron.

Índice

Dónde ha quedado la lealtad

Será que el mundo, como se muestra hoy, roto y descosido, manda a la lealtad a la soledad del pozo.

Será la lealtad, esa cualidad de no abandonar, de ser incapaz de cometer falsedades, de engañar, de dejar a la deriva, la más complicada de todas las cualidades que forman parte del ser profesor.

Será que la lealtad, esa cualidad de la que tan poco se habla en estos días, es lo que mejor define al profesorado universitario.

Será que, siendo leales a la profesión, la podemos negar y reafirmar, cuestionar y abrazar conforme nos nutrimos de ella.

AGR

PRÓLOGO

ENTRE LAS FICCIONES Y LAS VERDADES LA DOCENCIA UNIVERSITARIA

Aún en medio de tantas ficciones que se crean en torno a la profesión de la docencia universitaria, una verdad cohabita de manera sigilosa: el profesorado que lo es, en el que pervive la emoción de enseñar algo a alguien, nunca dejará de hacerlo.

AGR

Huston (2017) sostiene que los humanos somos una especie fabuladora. Construimos el entramado de nuestras vidas desde las ficciones; estamos rodeados de ellas y nos resultan imprescindibles para vivir. El lenguaje —establece… «ordena nuestra experiencia (…) pero demasiado a menudo olvidamos que *orden* no es sinónimo de *verdad* (…). En los humanos no se da ninguna verdad. Todas se construyen mediante ficciones» (p. 28). ¿Cuáles son las ficciones más emblemáticas en nuestras vidas, según Huston? El nombre propio, la fecha y el lugar de nacimiento, la genealogía, el sexo, la religión, la raza, la lengua, la profesión, el oficio.

Sobre esa tesis (la especie fabuladora), Huston realiza un ejercicio no exento de interés. Ubica a un hombre en la década de los noventa del siglo pasado para argumentar sobre la persona corriente. A ese hombre le pone un nombre y una nacionalidad: John Smith, estadounidense. El mundo de las ficciones inicia con su nacimiento y con la asignación de un nombre.

Después viene la primera socialización: conocer a la hermana, a los tíos, a los abuelos. En sus primeros años le llenan la cabeza de signos, granos de la cultura norteamericana: brujas, sapos, héroes, villanos, santos, dioses, *Superman*. A los seis años va a la escuela, socializa, también lo llevan a los *boys scouts* y aprende el valor de competir y querer al equipo.

La socialización va creciendo conforme pasa de la niñez a la adolescencia. En la escuela le enseñan la historia de Estados Unidos, la de los vencedores; siendo blanco, reafirman la superioridad del color y cultivan la discriminación. Descubre los videojuegos y eso acentúa su tiempo de ver la televisión, cuatro, cinco horas diarias. De joven, no se inscribe en una carrera universitaria, en cambio, entra a trabajar a un comercio, después a una fábrica. En una de las mil fiestas a las que asiste los fines de semana, conoce a Luisa, se acuesta con ella y la embaraza sin planearlo. A los meses se casan. Con el trabajo de ambos, apenas salen el mes, tienen muchas deudas y mantener la casa resulta insostenible. Él se inscribe en el *Army* y va al Golfo Pérsico, o a cualquier sitio, donde le pegan un balazo y muere. Regresa a Estados Unidos como héroe. Lo condecoran con medallas.

¿Qué trata de hacer Huston? Busca describir la vida de una persona corriente. Alude a la vida de un hombre cuya historia estaba construida de ficciones, y él no lo sabía. Todo se le impone desde el exterior. Es una vida condicionada, apalancada en una estructura social determinada.

En esa lógica de pensamiento, y llevando la analogía al mundo de la educación superior, ¿cuáles serían las ficciones de un profesor universitario genérico o tipo estándar?, desde que nace a la docencia, hasta que guarda las reliquias de su trabajo: el libro, el gis, la pluma, el cuaderno; hoy día, la computadora. Situemos en un momento histórico a una profesora, década de los noventa, los años de transición de la universidad, impactada por un cambio de paradigma en los modelos educativos: pasar de la enseñanza al aprendizaje.

Pensemos en una profesionista, al azar, María Pérez López. Estudia una licenciatura en el campo de las Ciencias Sociales (Economía), y gradúa de una universidad pública a principios de la década de los noventa del siglo pasado. Busca empleo en algunas oficinas gubernamentales, pero la crisis económica y política de esos años en México, no generaban demasiadas ni buenas oportunidades.

Consigue trabajos eventuales y algún conocido le sugiere que toque las puertas de la universidad. *Por el crecimiento de la matrícula, ahí siempre hay posibilidades de dar, aunque sea una clase,* fue el argumento esgrimido. María aprecia el consejo y lo sigue. De buenas a primeras un administrador de la escuela le entrega un programa de un curso de Historia de México, que debía impartir a un grupo de treinta estudiantes de segundo semestre de una carrera del área de Negocios.

Entre esa primera experiencia y los años que se van acumulando en María como profesora universitaria, van ocurriendo una cadena de situaciones —ficciones—, en términos de Huston:

1) Llega a un salón de clases universitario con una completa inexperiencia de la docencia como profesión, lo mismo que todos los que no son profesores de carrera. A los contadores, ingenieros, abogados, químicos, etc., se les contrataba solo por tener un título universitario y, en muchas ocasiones, sin haberlo conseguido. Dependiendo del apremio, los requisitos eran más, o eran menos.

2) La primera experiencia no fue del todo buena, por más que María Pérez López se esforzara. Es una primera crisis que no entiende por completo, pero para no desanimarse (necesita los ingresos, aunque exiguos, que le proporciona la universidad), ella sostiene que sus estudiantes sí aprendieron. *«Para ser la primera vez, no estuve nada mal. Cierto que hubo algunas cosas que no supe cómo resolverlas, pero salí adelante»,* le dice al director de la escuela al concluir el curso.

3) Apenas al finalizar el segundo semestre como profesora, y con más de doce horas de clase a la semana, una incomodidad sobrecoge a María Pérez: conoce apenas nada —casi nada— del lenguaje pedagógico. Ve que otros profesores, de mayor trayectoria, hablan de cosas como: estrategias didácticas, evaluación integral, etc. Ella los escucha y finge saber, pero piensa que le gustaría aprender.

4) Conforme va aceptando y le va encontrando el modo a la actividad docente (de vocación ni hablemos, aunque ella podría pensar que ese gustillo podría venir de ese sitio de las entrañas), se ve atraída por un método, una estrategia, una técnica pedagógica. Algún curso de capacitación la ayuda a desprenderse (todavía no del todo), de la **docencia por imitación, la**

pedagogía de la añoranza. El ejemplo de «los buenos profesores que le dieron clase», se manifiesta con mucha fuerza esos primeros años. Incluso busca a alguno de ellos para pedirle copias de sus apuntes con los que impartían sus cursos.

5) Los cambios en la Universidad y sus liderazgos se van integrando a su perfil de actuación. El esquema tradicional de enseñar algo a alguien, erosiona lentamente. El conocimiento de su profesión de origen ya comparte su atención con las pedagogías universitarias basadas en nuevos artilugios, como la educación centrada en el aprendizaje. Antes de concluir su primer lustro en los salones de clases, María Pérez López ve la docencia universitaria como su profesión de presente y de futuro. Pugna ya por tener un tiempo completo y dedicarse solo a esta tarea. La carrera que estudió (Economía) ya no la hace verse en una oficina gubernamental o en un importante corporativo.

6) Al finalizar un año escolar, probablemente antes del décimo año, los esfuerzos de María Pérez López se ven recompensados: un grupo de estudiantes a punto de egresar de la carrera de Administración de Empresas, le pide que sea su madrina de generación. Ella siente que está llegando a la cima de la montaña. Ya es una profesora con medallas.

7) Una nueva crisis llega entrando a su segunda década como docente universitaria: hay un grupo de estudiantes con los que no se puede comunicar. Echa mano de todos los trucos aprendidos, pero nada parece funcionarle, ni siquiera esa máxima casi celestial: escoger a los mejores alumnos y solo dirigirse a ellos. Los demás, difícilmente verán la otra orilla. En ese grupo de pesadilla, no hay «esos mejores alumnos». ¿Cómo es que los dejaron ingresar a la universidad?, se pregunta en medio de su frustración.

8) Otra crisis le sobreviene en esos años: la Universidad no «se está quieta», cambia constantemente; lo que antes era ley, ya no lo es; la cercanía con los estudiantes ya no es permitida, ni el compartir una mesa, o una conversación en una tertulia. El fantasma del acoso ronda en los pasillos de la escuela y ella empieza a sentirse incómoda. Hay un nuevo código de ética que la va descolocando.

9) Alcanza, en la fase final de su trayectoria, a impactarla un hecho que la envuelve en nuevas ficciones: la COVID-19 la saca del aula y tiene que improvisar estrategias para que sus estudiantes logren los objetivos de aprendizaje de su materia. La tecnología la impele día a día y ella debe doblegar sus atalayas de profesora tradicional.

Después de treinta y cinco años de estar en los salones de clase, la profesora María Pérez López concluye su periodo laboral sujeta a todas las ficciones descritas. Hasta ahí, Huston tendría razón sobre la vida corriente, en este caso la de una profesora universitaria. Por fortuna, el mundo minúsculo de las microhistorias tiene otros relatos que contarnos. De ello trata esta obra.

Este libro fue cobrando forma a través de tres recursos: la experiencia personal en los salones de clase universitarios; la conversación con colegas que hicieron de la educación universitaria una profesión; la lectura mezclada entre la literatura y las ciencias de la educación. Queda un lienzo, probablemente al estilo de las pinturas impresionistas, un tanto difuso porque transita entre la ética docente y la pedagogía en su dimensión más técnica.

Escucho, pregunto, veo, proceso, integro y escribo, adherido a la narrativa como un instrumento que busca conectar con el lector, interesarlo y mantenerlo atento en las páginas del libro.

Una historia en sí misma de las que aquí cuento, podría ser como un abalorio, un objeto de adorno de poco valor. Crece la importancia del mismo cuando se conjuga con otros y son colocados en una prenda, entonces las formas y sus colores pueden armonizar y convertir dicha tela en un objeto muy apreciado. Así, las seis historias formales son un juego de abalorios que, con algo de tino, podrían despertar el interés en el lector. Creo que el destino me inclina subjetivamente a pensar en la buena educación, y eso irremediablemente viene de verla desde el optimismo.

De ahí esta suerte de tesis sobre la que se va desarrollando el contenido: el profesor universitario que viene de una profesión que no es la docencia (por ejemplo: un contador, un ingeniero, un abogado), da pasos hacia la buena educación cuando se vuelve consciente de que debe profesionalizar su segunda profesión. Añado: la docencia puede llegar a constituirse como una profesión de servicio. Es en sí misma, pero no es ejercitada como tal por todo el que tiene el estatus de profesor universitario. Los trayectos de los profesores estudiados muestran, en algunos tramos de su vida laboral, este sentido del servicio. El lector podrá apreciar incluso que, dos de ellos, reflexionan al respecto.

¿De qué trata este libro?

De la biografía profesional de seis profesores universitarios que se han jubilado en años recientes. Briznas, migas de un trayecto, pues en dos o tres entrevistas a profundidad, no se puede contar toda una vida de más de sesenta, setenta u ochenta años. La relación con el que escribe es lo que define la elección, no una metodología cualitativa específica.

Con los seis sujetos de estudio he interactuado en estos años. Con dos de ellos, desde la lejana década de los noventa, del siglo pasado. También lo define las trayectorias, es decir, el tiempo en el que ejercieron la docencia universitaria. Todos ellos se convirtieron en profesores en el último cuarto del siglo XX. Su historia laboral está matizada por cambios determinantes en la universidad, en las latitudes de Occidente, incluyendo a España, Estados Unidos y México.

Dos de los relatos refieren a un par de catedráticos españoles. Uno es profesor emérito en la Universidad de Santiago de Compostela, el otro desarrolló todo su trabajo en la Universidad de Murcia. A no dudar, de los seis casos, ellos fueron los que hicieron de la categoría educación-escuela, un objeto de estudio al que le han dedicado muchos años de estudio y de producción de conocimiento. Otros dos fueron académicos de la Universidad de Arizona, en Tucson. Su permanencia en la educación superior se extendió por más de cuarenta años y ambos muestran una constante en su práctica docente: el vínculo activo con la comunidad a través de proyectos de desarrollo comunitario.

El quinto fue profesor de la Universidad Autónoma de Baja California. Su práctica se desarrolló entre la investigación y la necesidad de aprender estrategias didácticas y recursos tecnológicos para desdoblar su trabajo y llevarlo a un nivel de profesionalización que la sociología no le había dado. La sexta biografía que aquí se relata, es la de un profesor del Sistema CETYS Universidad, de Baja California. De los seis, podríamos afirmar que es el que llega a la universidad más desprovisto de herramientas pedagógicas, por lo que su reconversión hacia el campo de la pedagogía, y más concretamente de la didáctica, es de llamar la atención.

Este libro, en su enfoque, se acerca a otros textos como *El profesorado frente a la pandemia* (2020); *Educadores y pedagogía de la alteridad* (2021); *Profesorado, pedagogía de la alteridad y esperanza* (2023). Solo en cierta manera. Cierto que la categoría central sigue siendo el profesorado; cierto también que la narrativa pedagógica es el estilo que predomina en las obras enlistadas; del mismo modo, la pedagogía de la alteridad, discurso educativo iniciado por el pedagogo español Pedro Ortega, está en aquellas páginas. En los libros editados el 2021 y 2023, buscábamos intencionalmente encontrar a los buenos profesores, es decir, a educadores en cuyos trabajos pudieran apreciarse las cuatro dimensiones del educador: formador desde la ética docente; un conocimiento profundo de la ciencia que enseña; un manejo destacado de las formas de trabajar en un salón de clases; un sentido de ciudadanía que le permite desarrollar la responsabilidad social (Gárate, 2021). Encontrábamos a algunos, realizábamos entrevistas a profundidad e interpretábamos esas prácticas desde las categorías de la pedagogía de la alteridad.

Estas historias son distintas

No buscan intencionalmente a los educadores; buscan a profesores que llegaron a la educación superior a ejercer una profesión para la cual no estudiaron, salvo en el caso de los españoles; buscan conjugar la biografía personal con el modelo de universidad predominante en la época y con los rasgos de la identidad del profesorado universitario.

Las entrevistas que sustentan la narrativa son consistentes en su estructura. Recuperan, en un primer momento, el origen familiar y el recorrido por la formación básica. En su núcleo, ese primer momento pretende encontrar algunos hilos de buenos profesores que el entrevistado recuerde, incluyendo la etapa universitaria, ello a manera de influencia.

De ahí surge un postulado categórico: los docentes universitarios ejercen su actividad en los primeros años siempre influenciados por el ejemplo de sus buenos profesores. Matizo: los que ellos consideran fueron sus buenos profesores. En un segundo momento, viene el asalto a la docencia. Los *por qué* y los *cómo* se escuchan en las grabaciones en forma permanente.

Un tercer apartado va sobre la trayectoria de docente. ¿Quién era y qué hacía en sus primeros años?, ¿y cómo fue transformando su práctica docente en el tiempo de mayor madurez? El recuerdo sacude la memoria de los entrevistados. En su evocación, reflexionan, justifican, rehacen pasajes de la historia. La perspectiva de los fines de la educación aparece cuando el entrevistador los lleva hacia la ética docente.

¿Qué muestran estas historias?

Varias cosas. Quizá la primera es que ninguna trayectoria es igual a otra, a pesar de la conceptualización de la identidad docente, e incluso del impacto que generan los elementos tan similares que trae la postmodernidad en términos de la crisis, el individualismo y la incertidumbre.

Los seis relatos parecen detenerse como pretendiendo que los otros los alcancemos. Ellos llegaron y nosotros no. Arribaron a los hechos y les queda ahora la reflexión. Piensan en lo que hicieron y en lo que dejaron de hacer y así lo expresan. No moralizan ni pretenden que los otros no cometamos los mismos errores, simplemente su circunstancia histórica y su biografía personal los llevó a entender y a vivir esta profesión de una manera singular. Ahí radica el aprendizaje para el que tenga este libro en sus manos.

Las ficciones de Huston (2017) alcanzan a los personajes de este libro, pero solo en parte, la más pálida de ellas. Ellos y ella se apartaron del corsé de la mediocridad y del individualismo, de lo asfixiante que puede ser un sistema y un modelo universitario y de lo demandante que llega a ser el entender la enseñanza desde las planeaciones y de los indicadores medibles.

La racionalidad y los sentimientos que muestran los acercan más a un planteamiento que hace Mèlich (2010) en *Ética para la compasión*, cuando entrampa el debate entre las figuras del profesor y el maestro en un nivel de alta intensidad. Al referirse al primero, señala que su característica es que maneja un discurso informativo; en cambio, el segundo, teje la urdimbre de la ciencia y del conocimiento en otra latitud... «el maestro propiamente no habla, *muestra*, y, por tanto, su forma expresiva es *inspiradora, evocadora, sugerente*» (p. 277). El hecho de mostrar lo pone en el territorio del testimonio. La acción del maestro es testimonial.

Encontrar una divergencia entre el hacer docencia siendo profesor o maestro, es situar el problema entre el modelo y el testimonio. El modelo puede sostenerse en el ejemplo, un tanto el hacer tal o cual cosa, como lo hace tal o cual profesor. El testimonio es indemostrable, pero se puede concretar en experiencias y acciones. El modelo dice a través del lenguaje; el testimonio en sí mismo muestra a través del silencio.

El derrotero que llevaba este trabajo, en su origen, era mostrar trayectorias de profesores universitarios jubilados. En lo que se ha constituido, dado el valor de las experiencias, es en una posible línea que nos acerca a la *pedagogía del testimonio*, entendiendo que busco transmitir una experiencia vital, la de un profesor que no habla por sí mismo, muestra. Y al hacerlo, no modela, no es un ejemplo que deba ser aprendido por otros y llevarse a cabo. Es una larga expresión de la vida, única y condicionada por la historia y el azar que le acompaña. Cumpliría su función si diese claves para pensar, también este acto sin estructura. Cada lector recibiría la experiencia testimoniada a través de las palabras y eso le pondría a pensar, quizá a comparar, quizá a imaginar posibilidades, escenarios. Nunca el testimonio como ejemplo.

Si algo nos enseñan estas historias singulares, es que aun dentro de los aviesos signos de la posmodernidad y de la globalización enconada, aun en la estandarización de los modelos educativos, de las metodologías de aprendizaje, las técnicas y recursos didácticos, está la microhistoria, ese pequeño sitio en el que ocurre todo lo que puede ocurrir en treinta y cinco, cuarenta o cincuenta años de ejercer esta profesión ciencia-arte que es la docencia.

Julio Leite, el poeta argentino de Tierra de Fuego lo dice en un poema: «Lo que el viento no arranca, lo arraiga» (citado por Varsavsky, 2023, p. 61). Las ráfagas de aire de estas décadas no arrancaron de la Universidad a estos profesores; contrario a ello, los arraigaron inventándose, por el cotidiano trato con el estudiantado, raíces profundas. Y cuando hay raíces de esa hondura, la tierra suele ser fértil.

El primer abalorio de PEDRO ORTEGA RUIZ

De la escuela unitaria al seminario

Mis padres no me podían dar estudios, porque en Mula no había un centro de educación secundaria; había que ir a Murcia, a casi cuarenta kilómetros de distancia. Recuerdo que el maestro fue una noche de invierno a decirle a mi padre que yo debía seguir estudiando una vez que en la escuela yo ya no tenía nada que hacer; es decir, la iniciativa no salió de mis padres. Mi madre apenas sabía leer y escribir, mi padre sí sabía muy bien leer y escribir. Mis hermanos mayores no habían estudiado, yo era el penúltimo.

Entonces el haber estudiado, se lo debo al maestro don Francisco, quien, con buena intuición pedagógica, creyó en mi capacidad.

(E. Romero, 2023)

1

El profesor de libros: *Pedro Ortega Ruiz*

Al escucharte, antes como alumno, hoy como colega de profesión,
siempre, siempre aprendo, a pesar de las muchas cosas
que ya sé de tu vida y de tu pensamiento.

EDUARDO ROMERO

Esta es mi propia versión de los hechos, con una escasa imaginación de por medio. A Pedro Ortega le apura el tiempo. Quizás haya leído el poema de Neruda *Oda al tiempo*, y, en vez de curar sus aflicciones, las exacerba. Escribió el poeta chileno:

El tiempo es decidido,
no suena su campana, se acrecienta,
camina por dentro de nosotros,
aparece como un agua profunda en la mirada.

Me faltan veinte años, Eduardo —le dice a su discípulo preferido con una estela de lamento—; le hacen falta para redondear el cúmulo de palabras que formarían la teoría sobre pedagogía de la alteridad. Sabe que no tiene ese conjunto de lustros preciosos; sabe que el tiempo es decidido e implacable; sabe que el cuerpo y el cerebro detendrán un día la máquina de la vida. Por ello, estos años finales se ha dedicado a releer la obra de Emmanuel Levinas como un lector acucioso, buscando las razones y las ideas que pueda exportar al campo de la educación, para sumar planteamientos a la pedagogía de la alteridad. Su libro más reciente —*La huella del otro*— lo ha publicado la Red Internacional de Pedagogía (REDIPE). Un título que resume su historia de pedagogo: «Ahí está todo, Eduardo; ahí está la síntesis de mi pensamiento, las ideas que he venido escribiendo y fundamentando todos estos años» (Ortega, 2024).

Hay casas que con el tiempo se van erosionando. Pensemos en las edificaciones de las aldeas y poblados abandonados, casas mayormente de adobe, unas más de ladrillo. Algunas, después de muchos años, son puro frente en disolución. Dice Varsavsky (2023) «son un lánguido reloj de arena midiendo el tiempo en décadas: caído el último grano, la erosión se habrá detenido. Como los seres humanos, las casas siempre vuelven a la tierra» (p. 284). ¿Cómo entender esta metáfora de *las casas siempre vuelven a la tierra* y aplicarla Ortega Ruiz? Antes de volver tiene una tarea en la cual pone todo su empeño: leer y escribir, una tarea frenética y a galope, contra el tiempo y por las madrugadas, donde las horas parecen caminar con menos prisa. Vayamos a su trayectoria de profesor universitario.

Después de una larga cabalgata por las praderas de la educación, y más específicamente de la universidad, cabe definir el recorrido de Pedro Ortega Ruiz, pedagogo español, como *el profesor de libros*. Su evocación traza puentes entre un concepto de la pedagogía y otro, pasando de la pedagogía del encuentro, pedagogía del servicio, hasta llegar a la pedagogía de la alteridad, culmen y cúspide de toda su obra escrita. En el tránsito se aprecia una constante: el interjuego entre lo conceptual y lo vital, las dos dimensiones que forman la identidad del humano, todo ello alimentado por un instrumento tan antiguo como los orígenes de la civilización: el libro.

Como he planteado en la introducción, Huston (2017) sostiene que los humanos somos una especie fabuladora. Concuerdo en ello; disiento en que en nosotros no se da ninguna verdad. Pedro Ortega construye su verdad de educador, sí, desde algunas ficciones, es decir, desde algunos supuestos donde mezcla el deseo con el acontecimiento, por ejemplo: la presencia de su viejo profesor rural en casa de sus padres que él describe con lujo de detalles (Ortega y Romero, 2019); la esencia de la experiencia es verdad, tanto como que de ahí se detona el adolescente que sale de su pueblo a estudiar; la ficción radica en los detalles. A 75 años de haber ocurrido, los guiños de la imaginación son permitidos.

Los conceptos y las reflexiones que expresa Pedro Ortega ante las preguntas puntillosas y bien planteadas por su discípulo, Eduardo Romero, refuerzan el planteamiento de que la identidad del profesorado universitario se compone de la profesión inicial que elige, la historia personal que lo define (estando la familia en ello), y el contexto en el que desarrolla su actividad profesional.

El pensamiento de Pedro se fue moldeando por dos coordenadas: la religión, presente con muy alto significado en su vida y, un aprendizaje no mediado ni por estrategias didácticas, ni por la tecnología, incluso ni por la pedagogía como tal. El camino fue directo y sin más soportes que dos protagonistas: un buen profesor, más bien, un enseñante riguroso, y los libros.

> Entender la educación como servicio está enraizado en mi concepción cristiana. En esa concepción y en mi forma de entender y vivir la vida, entronca perfectamente lo vital con lo conceptual. Expreso una cosa y me comporto de una manera dentro de un salón de clases, en consonancia con lo que hago afuera. Soy yo mismo en un sitio y en otro. No hay esquizofrenias.

La entrevista, realizada por Eduardo Romero (profesor titular de la Universidad de Murcia), tiene la virtud de abordar un escenario natural en el ejercicio de la docencia: ¿cómo se enseña en los salones universitarios? La respuesta tiene los matices del tiempo. Para responder, se sitúa a mediados del siglo pasado, lo mismo que en las formas de la escuela de esa época.

> Yo vengo de una experiencia muy buena. En Salamanca y en Roma tuve muy buenos maestros. De ellos aprendí la buena docencia. Nunca he enseñado lo que otros han escrito. He llevado a las aulas lo que he trabajado. He puesto a disposición de mis alumnos lo que yo he escrito, mi pensamiento reflejado en la palabra escrita. Por supuesto, también otros libros con los que busco complementar lo mío.
>
> **Yo soy un profesor de libros**, y he tratado de ser maestro. En mi tiempo, en general, enseñábamos con libros. Enseñar aquello que tú piensas, aquellos que tú sabes, aquello en lo que tú crees. Si transmites lo de otros, ¿tú que haces?

Detalles y destellos en frases expresadas con gran elocuencia, formas de concebir una clase y un concepto de educación referido constantemente al encuentro, al servicio y a la responsabilidad que el otro le endilga al profesor. En Ortega Ruiz las concesiones hacia la apatía y el desinterés no se permiten; el rigor por el estudio y la disciplina que ello exige están presentes en su discurso, lo mismo que el amor por una profesión a la que llegó, como muchos otros profesores universitarios, sin haberlo planeado en su juventud temprana. En su evocación también caben las ficciones como medidas del éxito.

> En clase yo miraba el rostro y los ojos de los alumnos; tenía la imperiosa necesidad de saber quiénes eran ellos; rostro e historia, persona y contexto histórico. Solo así se podía acompañar su proyecto de vida. Debía saberlo y por ello tenía que estar cerca, caminar por las mesas de trabajo, no enseñar encima de la tarima, y mucho menos sentado en el escritorio del maestro. Nunca sentado.

Y la afirmación de que sus convicciones le generaban buenos dividendos, las argumenta con otra ficción que lo lleva a una verdad de sentimiento, no a un hecho fáctico, medible, mensurable, que tenga cuerpo y peso, sí a un hecho de las emociones, de ese tipo de recuerdos que cualquier profesor que se aprecie de su profesión, resguarda en la memoria.

> Estaba en un anfiteatro, hice una especie de evaluación en la parte final del año escolar. Una simple pregunta:
> —¿Cómo les fue en este curso?
> Yo voy caminando de un lado a otro, y de pronto se levanta una chica y me dice:
> —*Mire don Pedro, yo en su clase me he sentido alguien, me he sentido reconocida, como si usted se fijara en mí.*
> —*Señorita* —le respondo—, *eso es lo que he intentado desde el primer día. No sabe usted lo feliz que me hace.*
> ¿Por qué sentí eso? Porque al menos una había entendido mi talante, mi actitud como profesor. Que ellos no se sintieran objeto, que sintieran que yo estaba a su servicio.

En el origen de la acción que da inicio al acto de educar, subyace la pregunta: ¿qué enseña un profesor? Más allá del torrente de nuevas metodologías que se ha inventado tanto la pedagogía como la psicología educativa y las ciencias de la educación, Pedro Ortega pasa por ellas para ir al epicentro del quehacer: el profesor que enseña algo, no solo debe saber ese algo, sino que tiene que rehacerlo, añadirle un nuevo saber. Típicamente es un profesor que se hace en los arroyos de los modelos y perfiles de la

© narcea, s. a. de ediciones

docencia universitaria española de la década de los noventa del siglo pasado, donde la docencia ya tenía un fuerte componente hacia la investigación.

> He entendido que, para poder dar una enseñanza de calidad, tenía que exigírmela a mí. Entre un curso y otro, yo investigaba aquello que no podía hacer durante el tiempo de la enseñanza. Eso demandaba más tiempo, pero no tenía alternativa si quería hacer una buena docencia.
>
> Nunca entendí al profesor universitario que no investiga. Si no lo hace, me pregunto: ¿qué está enseñando? Docencia e investigación son la misma cara de la moneda.

Y el acto de transitar entre la verdad histórica y las ficciones, la cierra Ortega Ruiz con una definición de los atributos del buen profesor. Desde esa combinación entre lo conceptual y lo vital, refiere a los imprescindibles.

> Reconociendo que el sistema de valores ha sido un desastre, y que el sistema universitario facilita muy poco, pues los estudiantes tienen poco tiempo para aprender, para pensar y para formarse y, por su parte, el profesor se da poco tiempo para desarrollar con profundidad un programa de curso, veo, en lo conceptual, que la buena docencia se compone de tres atributos: **competencia, vocación y coraje**. Competencia en el sentido de ser competente, de tener conocimientos sólidos; la vocación que se traduce en las ganas de enseñar y de servir, de hacerte responsable del otro, como dije, de verle el rostro. Y el tercer componente, el coraje, necesario para enseñar aquello que crees que se deba enseñar; hacerlo con honestidad, no tener miedo de denunciar, de cuestionar.

Esa síntesis de Ortega es fruto de la experiencia y de la lectura. Los libros están en su pensamiento y en su pedagogía. Se acerca con esa nota a Freire (1994), cuando este sostiene que «Es imposible enseñar sin ese coraje de querer bien, sin la valentía de los que insisten mil veces antes de desistir» (p. 8).

Las personas vivimos, tomamos decisiones, definimos rumbos constantemente, nos equivocamos y también acertamos, vivimos con la frustración permanente o con la convicción de que lo hemos hecho bien, y estamos en equilibrio con nosotros y con el mundo. Pedro Ortega eligió una profesión, o acaso cabe decir que, como en otros tantos casos, la profesión lo eligió a él. Al final de la cabalgata, ¿queda la amargura, la alegría, la inconformidad, la paz?

> Pienso morir con las botas puestas. Ya no estoy en los salones universitarios porque soy un profesor retirado, pero sigo leyendo, escribiendo y publicando. Es una responsabilidad que asumo con honorabilidad y lealtad hacia la pedagogía de la alteridad. Al ser profesor, no me equivoqué; fue un acierto. Siempre me gustó la docencia; con los niños, bien, con los mayores mucho mejor, me sentí más cómodo.
>
> Con lo hecho y con lo que intenté enseñar a miles de estudiantes, me siento satisfecho. No me arrepiento de nada. He hecho aquello que creo que debería hacer. He cometido errores, pero no detecto graves de los cuales tenga que pedir perdón. En mi paso por la universidad, no me arrepiento de nada.

Relata Juan Villoro en uno de sus libros (2021), que un crítico de cine escribía crónicas obsesionado en demostrar que el objeto de su pasión se estaba yendo por la coladera de una plaza pública. «Hablaba con tal fervor de la imposibilidad de hacer gran cine que daban ganas de realizarlo» (p.7). En el fervoroso discurso de Ortega Ruiz están las antípodas. Desde la Antártida, sostiene con meridiana claridad que el profesorado y la universidad han perdido el rumbo y el ritmo. «Me cuentan que los profesores están en su casa —desliza la frase—. En mi época, estábamos en los salones de clase y en los despachos. Me dicen que ahora los profesores están atomizados; la convivencia y la colaboración no existen». Debe decirlo porque en su humanidad está la convicción de que el mal hay que denunciarlo.

Sin embargo, Pedro Ortega no se quedaría nunca con ese discurso. Desde el Ártico va haciendo resonancia la prisa por contagiar a los otros de hacer buena educación. Ello lo lleva a sostener que:

> El profesorado en general no puede sentirse como un funcionario, como un técnico que enseña cosas. La docencia es una profesión con un fuerte componente ético; que este sea el eje vertebral para construir una sociedad que sea distinta a la que vivimos. En medio de esa pasión por hacer bien el trabajo, los libros, siempre los libros, la mejor expresión del conocimiento; y la entrega del profesor por aprender lo que hay en los libros, por investigar y poner todo ello al servicio de sus alumnos.

Si se argumenta con fervor la aparente imposibilidad por hacer que la escuela cumpla con su función formadora, un educador que hace educación, en el aula y en los libros que escribe, no tiene más que redoblar ese fervor —aunque sea desde las ficciones— para que todos tengamos ganas de aprender algunas cosas de esa trayectoria. Su epígrafe de profesor la razona desde el retiro de las aulas universitarias, combinando el ejercicio de la memoria con miles de lecturas que equipan su cabeza, con la experiencia vivida y con esa esencia de cristiano que lo definió toda la vida.

He entendido siempre la educación como una actividad sagrada. Es tan decisiva y tan determinante la acción del profesor en la tarea de orientar y acompañar la trayectoria de vida del otro, que siempre me ha infundido mucho respeto y la he hecho con vocación, entrega y con total dedicación. Lo que cada uno de nosotros no haga, se quedará sin hacer. Nadie nos sustituye. Esta es nuestra responsabilidad hacia los de hoy y hacia los del mañana.

Las ficciones de este profesor universitario, que llegó a las aulas en los albores de la década de los ochenta, se van convirtiendo al cabo de los años, en manojo de planteamientos críticos sobre la educación, pero, al mismo tiempo, profundamente idealistas. Los libros, el estudio y una elección por el estudio de los valores, fueron decisiones tempranas de su vida profesional. Lo detalla Linares (2023) cuando señala que Ortega ingresa a la Universidad de Murcia, concretamente a la Facultad de Filosofía y Ciencias de la Educación, y...» en colaboración con el Dr. Juan Escámez, formó el grupo de investigación Educación y valores» (p. 35). Ambos, en 1896, escriben el libro *La enseñanza de actitudes y valores*, obra con la que probablemente inicia ese modo de hacer docencia desde los libros, los propios y los que más llamaban la atención en su biblioteca personal.

Notas desde la bitácora personal

¿Qué vemos en la trayectoria de este profesor universitario? Al menos tres rasgos: *lealtad hacia una profesión* y a una universidad que lo vio desarrollarse; *una pasión descubierta desde su adolescencia* por el conocimiento y el objeto preferido de este: *el libro; una capacidad para pensar y escribir desde la crítica y la bondad,* cualidades complejas de combinar. El arraigo de Pedro Ortega a la tierra y a los valores en los que ha vivido, definen su identidad.

Es un profesor universitario de los de antaño, que vive en una ciudad —Murcia—, que todavía es capaz de reconocer una profesión que socialmente era aplaudida. Cuando camina por la plaza Belluga, más de un transeúnte lo detiene para saludarle y preguntarle por sus nietas. El hombre es alguien para esa comunidad en la que vivió desde su temprana juventud, y él la quiere, la atesora, se enorgullece de las reliquias históricas que perviven a lo largo del tiempo.

Sostiene Berisso (2015) que la donación educativa no es hacer «del otro» un engranaje más de lo mismo. En la parte opuesta del puente se jala por una educación integradora y crítica. En el centro está la infinitud irreductible por el otro. La lectura de Levinas y una pasión incontenible por escribir para explicar y argumentar *una forma de educación que rompe con las tradiciones, define a Ortega Ruiz como el pedagogo de la alteridad, su mayor descubrimiento.* Eso lo hizo ser un profesor que siempre buscó ir más allá.

El primer abalorio de **CELESTINO FERNÁNDEZ**

De la escuela de monjas a la escuela pública estadounidense

nací en Santa Inés, Michoacán, y viví en ese pequeño poblado hasta los ocho años. Estudié los primeros años de la primaria en la Escuela del Sagrado Corazón de Jesús, escuela católica, dirigida por monjas. Ellas eran estrictas en el sentido de que tenían todo bien organizado. Debíamos ser puntuales para llegar a la escuela y nos debíamos de portar bien y si no, se iban directamente a hablar con los padres, más bien las madres, que eran las que se encargaban de que los niños fueran a la escuela.

Cuando nos fuimos a vivir a Santa Rosa, California, entré a la Roseland Elementary. Las únicas personas que hablábamos español eran mis dos hermanas y yo. En aquellos años de los cincuenta del siglo pasado, nosotros éramos la única familia mexicana.

En el presente, más del 90% de los alumnos son latinos. Todito era diferente: las casas, el idioma, la comida, las costumbres; hasta la comida que mi madre cocinaba sabía diferente; lo hacía en estufa, en vez de en chimenea con leña, y con aceite en vez de manteca.

2

La hora de educar en el profesor: Celestino Fernández Barragán

El 24 de mayo
Del año que va corriendo
Un martes por la mañana
Muchos quedaron sufriendo.

En el estado de Texas
Cayeron muertos y heridos
Fue una masacre infantil
Y así comienza el corrido.

Estrofas de un corrido
escrito por CELESTINO FERNÁNDEZ (2022)

Las raíces. Un pueblo de seminaristas

El hombre llegaba a la séptima década de su vida y un suceso inesperado, para él y para el resto de los seres humanos, lo descolocó por algunas semanas: la pandemia de la COVID-19. Pronto, más que muchos otros septuagenarios, Celestino Fernández Barragán retomó los hilos de su vida, entre ellos dos de las pasiones que definieron desde hace un largo tiempo su existencia; por un lado, la docencia en su primigenia acepción: enseñar algo a alguien y, por el otro, el deporte como un mecanismo para conservar la salud física y emocional, más que por la competencia misma.

Corredor consuetudinario y hombre inquieto y de pensamiento creativo, acordó con su esposa una aventura singular:

hacer una caminata circular por los alrededores de la ciudad en la que habita desde hace muchos años: Tucson, Arizona. Caminarían por ocho, diez días, con una mochila en sus espaldas, la cartera y sus respectivos teléfonos celulares. Equipaje exiguo para que el cuerpo no sufriera el sobrepeso. Planearon el recorrido con detalles gruesos y finos, al estilo de como planeaba sus clases en la universidad. Veinticuatro kilómetros en promedio cada día, y luego hospedarse en un hotel, descansar, frotarse pies y piernas, hacer una buena cena, y dormir para recuperar energías. Al siguiente día, apenas con el alba, un desayuno frugal, y caminar nuevamente, reconociendo los entornos mientras se dan pasos con un cierto ritmo, dejando que la mente transite por el pasado y el futuro, brincándose al presente.

Este es uno de los innumerables proyectos que se pueden encontrar en la biografía del profesor universitario Celestino Fernández. Otro de ellos me llama la atención y lo describiré para ir alineando las ideas en torno a su trayectoria como docente universitario.

Celestino ha vivido casi toda su vida en Estados Unidos. La formación escolar, a la que haré referencia más adelante, y su trayectoria profesional, toda se inscribe en ese país. Sin embargo, a Fernández Barragán le brinca la mexicanidad por todos los poros de su piel. Santa Inés, pequeño poblado rural del estado de Michoacán, México, está en sus recuerdos, en su sangre. Con su plasticidad compuesta de árboles, arroyos, laderas y cañones, lo mismo que con su pobreza crónica y, hoy día, con una violencia exacerbada por el narcotráfico, es un sitio que hay que visitar en ciertas épocas. Por muchos años, salvo los más recientes, Celestino manejaba desde Arizona hasta Michoacán, concretamente a Santa Inés, su pueblo natal, llevando a sus hijos y a su esposa (más de mil quinientos kilómetros cruzando la zona árida del país). No era que él tuviese una visión bucólica sobre esa geografía, *«Más bien es que siempre representó para mí, regresar a mis orígenes, no perder las raíces que me dieron vida»*, señala enfático.

Uno de esos diciembres en los que el tiempo traía el tedio y la rutina, a Celestino y a unos amigos se les ocurrió organizar una carrera atlética en el pueblo. Cinco, diez kilómetros, solo para hacer ambiente. Hicieron los preparativos necesarios, se publicitó de diversas maneras, y se llevó a cabo. Por supuesto, él y algún miembro más de su familia participaron corriendo. «*La gané,* me dice con una sonrisa pícara, *pero eso no es lo importante, sino el hecho de que se convirtió en una tradición. La gente nos esperaba en diciembre para participar en la carrera de fin de año*».

El padre del profesor Fernández trabajó en los campos agrícolas de Santa Rosa, California, en el marco del Programa Bracero[1]. El esplendor que generaba una región de enorme potencial económico, lo hizo decidirse a radicar de manera permanente en ese lugar, pues ofrecía mejores condiciones de desarrollo para su familia. Celestino fue el tercero de cuatro hijos. Él, su madre Angelita y sus dos hermanas mayores Luz María y Blanca Estela, junto con su padre, emprendieron el trayecto por carretera de Michoacán a California. El más pequeño de los Fernández Barragán, Conrado, nacería en los Estados Unidos. ¿Y los juegos infantiles? ¿Y la escuela? ¿Y los abuelos? ¿Y las calles empedradas de Santa Inés? El padre, don Celestino Fernández Fernández había dicho: *Nos vamos a California*, y no había más que obedecer.

> Mis padres, a diferencia de otros muchos adultos de los pueblos de Michoacán, sí habían estudiado; él hasta cuarto de primaria y ella hasta tercero. Los dos sabían leer y hacer cuentas, pero lo más importante es que tenían claro que sus hijos deberíamos estudiar hasta donde alcanzara el interés de cada uno y su dinero. Por ello yo inicié mi primaria en Santa Inés, en una escuela católica, dirigida por monjas. Rigurosas, nos exigían disciplina, limpieza, orden y el cumplimiento de las tareas. Había que portarse bien, en caso contrario, las quejas con los padres llegaban de inmediato. Exigían, pero reconozco que eran muy buena gente. La Madre Glafira me abrazaba y me cargaba en la escuela. A cambio de ello, de vez en cuando, mi mamá la invitaba a comer a casa. A mí me gustaba mucho la escuela.

Un rasgo del azar lo encontramos en este vínculo de la escuela, el poblado y los campos agrícolas de California. De no haber emigrado la familia Fernández Barragán, muy probablemente Celestino hubiese seguido la trayectoria de otros adolescentes que

---

[1] El Programa Braceros surge por un acuerdo diplomático entre Estados Unidos y México, en los primeros años de 1940, justo en el marco de la Segunda Guerra Mundial. Básicamente permitía el ingreso de trabajadores mexicanos agrícolas que iban a levantar las cosechas en estados de la Unión Americana. El programa concluye a mediados de la década de los sesenta, siglo pasado.

querían seguir estudiando, pero que se encontraban con que el sendero de la escuela terminaba en el sexto grado. Después de ello, ya no había más, salvo salir de la comunidad e ir a una ciudad con mayor oferta escolar.

> Aunque la escuela llegaba hasta el sexto grado, muchos se salían después de tres o cuatro años, entre ellos recuerdo a muchos tíos y primos; pocos terminaban hasta el sexto. ¿Quiénes estudiaban más? Los que se iban al seminario y las mujeres que hacían lo propio en los conventos. Los sacerdotes de las parroquias de los pueblos de la región hacían muy buena labor de convencimiento. Ir al seminario no representaba un gasto fuerte para la familia y el estar ahí aseguraba comida, hospedaje y estudios. Que yo recuerde, Santa Inés ha dado cuatro obispos y una gran cantidad de sacerdotes y monjas. Hay un libro sobre el pueblo con el título de *Santa Inés: Un Pueblo Levítico.*

Rafael Pérez Gay (2023) escribe un libro cuyo título es *Todo lo de cristal*. El autor juega en sus páginas con la memoria. En algún momento cita a Oliver Sacks, un neurólogo que logró combinar la ciencia dura con la belleza de la narrativa. Cada acto de la memoria es, en mayor o menor grado, una forma de expresión de la imaginación, sostiene, aludiendo a la tesis de Sacks. La memoria, añado, se conjuga con dos conceptos que la alimentan: el tiempo y el encuentro, es decir, las biografías personales y las colectivas, los espacios donde siempre ocurre algo. En este episodio que relata el profesor Celestino, no lo desborda la imaginación. La escuela mexicana de la década de los cincuenta del siglo XX tenía dolencias visibles, entre ellas un serio problema de cobertura, sobre todo en poblaciones rurales. La escuela se asentaba en una ranchería con muchas carencias, con profesorado improvisado y con un manifiesto desinterés de las familias, las cuales no veían utilidad en esa institución.

Que los padres de Celestino se hayan interesado por los estudios de los hijos, no era la generalidad en los poblados rurales. Ahí se carecía de muchas cosas, como la luz eléctrica, el agua potable, hospitales, gas para cocinar. A ello habría de añadirle la necesidad de trabajar las tierras con las manos, pues la mecanización no había llegado al campo. Se vivían largas jornadas que hoy podríamos considerar inhumanas, sobre todo para los niños.

California, el otro lenguaje. Una sacudida de terremoto

Un par de décadas después de subirse al auto de su padre para iniciar la travesía hacia un país que no era el suyo (1976 para ser preciso), Celestino Fernández lograba el título de Doctor en Sociología, nada menos que en la prestigiada Universidad de Stanford, ubicada en California. Migración, cultura, sociedad, educación, fueron los campos del conocimiento que se fueron apareciendo en su imaginario, todos ellos surgidos de su historia personal. Para llegar a Stanford, se pueden consignar una gran cantidad de hechos, sin embargo, uno de ellos es de los que más interesaría a esta narrativa. Contemos con que llega a Santa Rosa, California, sin conocer una palabra en inglés. Su padre se había planteado dos cosas: debería ir a la escuela y, por las tardes, fines de semana y vacaciones, se lo llevaría al manzanar para que le ayudara con el cultivo de la fruta.

Fue una sacudida como de terremoto, un choque cultural definitivo. Mis hermanas y yo entramos a la escuela Roseland Elementary. Éramos las únicas personas que hablábamos español. Todo cambia, ¿no es cierto? Hoy día, sé que más del 90% de los alumnos son latinos. En la década de los cincuenta, nosotros éramos la única familia mexicana que vivía en Santa Rosa. La migración mexicana a esa amplia región de cultivo de manzanas y otras frutas y hortalizas, ha sido copiosa y sistemática.

Puede que, como sostiene Huston (2017) el de los humanos sea el mundo de las ficciones; puede que, a la palabra contada las personas la transformemos para darle un sentido casi siempre favorable al que la cuenta. Asumamos que, en el recuerdo de un hombre de más de setenta años, haya algo de imaginación y no poco de emociones, por ejemplo: Celestino diciendo que hasta la comida le sabía diferente. *«En el rancho mi mamá cocinaba con manteca, leña y en un fogón; en la nueva casa, en una estufa, con gas y aceite»*. Sensaciones que vienen con el tiempo. Pero en medio de ello están los hechos. En su caso, la migración, Santa Rosa, la escuela que aún existe.

Añade acontecimientos que se quedan diáfanos en la memoria, por más que tendamos a la ficción. Él afirma que al llegar a la Roseland Elementary lo asignaron en el segundo año, en un ambiente diametralmente opuesto al de escuela donde la monja Glafira era férrea con la disciplina, pero lo abrazaba. ¿Qué hacía su nueva maestra, Mrs. Albright?

> Con la maestra no nos entendíamos, pero me trataba bien, se sonreía conmigo y me ponía su mano en el hombro y la espalda; yo notaba que era amable, pero no hablaba una sola palabra en español. Y no hablo desde mi imaginación, sino de lo que viví. Yo nomás miraba lo que hacían los demás, y los imitaba; si salían al recreo, yo los seguía; si iban a la cafetería a comer, yo los seguía, y así. En el inglés tiene uno que aprender cómo se escriben las palabras porque no son fonéticas, muchas no se escriben como se dicen. Tenía que observar lo más que se pudiera y estudiar para aprender ese idioma. Era eso o dejaba la escuela, lo cual no era una elección.

Y hay en ese aprendizaje momentos clave, guiños de la vida los cuales a pesar de su escaso valor histórico, definen rutas, crean simbolismos, alienta la permanencia. Por ejemplo, este: «*En cuarto grado, unos compañeros se reían de mi pronunciación del inglés, y la maestra los calló muy rápido, diciéndoles, "Él habla dos idiomas y usted apenas uno, y ni tan bien"*». Eso reforzaba su autoestima, y lo alentaba a esforzarse.

Otro episodio que vale la pena, quizá el que más en su tránsito por la Roseland Elementary, tiene que ver con una nota que Ortega y Romero (2021) hacen sobre la alteridad ligada a la escuela. Sostienen que «la bondad o eticidad de una acción educativa tendrá que venir determinada por la cultura acumulada y asentada en la comunidad» (p. 92). La acción educativa, en esa cita, tiene un componente social. La bondad también es personal, se encarna en la voluntad de un individuo, en la manera como se integra al sistema de valores, esto es, en el sentido que les imprime a sus creencias. Para Fernández Barragán, el director de la escuela primaria es el referente del buen profesor, el bondadoso que acoge y que se interesa cuando se está en el desamparo.

> Con cierta frecuencia, el director de la escuela, Mr. Hoover, pasaba por mí al salón de clase y me sacaba a caminar por los jardines de la escuela. Caminábamos y me enseñaba inglés. Recuerdo una chamarra que me regalaron los patrones de mi papá y que me quedaba un poco grande, el director la estiraba y repetía muchas

veces, «coat, coat, coat»... chamarra, chamarra, chamarra. ¿Qué hacía ese hombre con esas caminatas? Se preocupaba por mí y, al mismo tiempo, me comprometía a que yo estudiara más, para que, en ese andar por los jardines, pudiera yo demostrarle que cada vez aprendía más inglés. Esas cosas dejan marcas. Y luego, cuando uno se convierte en profesor, lo recuerdas... lo recuerdas siempre.

Cerremos ese episodio de los primeros años de escuela primaria con otro hecho donde se mezcla la emoción con el acontecimiento. Para Celestino, cuatro o cinco situaciones lo marcaron: el no hablar nada de inglés el primer año; la defensa de su profesora de cuarto; las caminatas con el director, ese hombre casi inalcanzable; su vecino Tim, un año mayor que él con el que veía televisión en su casa... *«Le gustaba mucho cómo cocinaba mi mamá y yo lo dejaba que cenara con nosotros si él me dejaba ver la tele, pues nosotros no teníamos...».* La mayor de ellas fue ver llegar a Mr. Hoover a su hogar, cuando casi concluía sus estudios en la Roseland.

Cuando estaba por terminar la primaria, una tarde que regresaba a casa después de trabajar en el manzanar, vi que salía el director de la escuela. Por cierto, la vivienda la rentaba mi padre a los dueños de las huertas de manzana donde la familia entera trabajaba. Yo me asusté porque pensé que venía a quejarse de alguna cosa que no le había parecido. Entré a la sala y mis padres no dijeron nada. Días después, en la ceremonia de graduación supe que la presencia del director obedecía a que me iban a dar un premio por mis logros académicos, y quería que ellos estuvieran presentes. Todavía tengo la copita que me dieron.

Si bien el grado de doctor en Sociología fue el momento cumbre de la formación académica de Celestino Fernández, en su historia personal hay al menos un par de circunstancias que vale la pena consignar. La memoria recuerda las dualidades, casi nunca los intermedios. A la buena profesora, que marcó territorios pedagógicos y éticos; al mal profesor, menos por una didáctica deficiente y más por una injusticia, un mal trato, una actitud arrogante. Estando en el último año de bachillerato (*high school*), la maestra de inglés, Karin Camilli, se interesa y le pregunta en qué universidad va a estudiar. Al ser hijo de un jornalero agrícola y, al mismo tiempo, trabajar de manera eventual en el campo, le responde que las universidades en los Estados Unidos son muy costosas. La maestra esperaba esa respuesta y de inmediato le sacó una baraja de instituciones de educación superior y de becas. Opta Celestino por no emigrar de su entorno. Las condiciones sociales y culturales le eran favorables, además, estaba por casarse. Decide estudiar en Santa Rosa Jr. College. En ese periodo se conjugan el trabajo, el estudio y la vida matrimonial.

El recuerdo que también lo marca es ese mal profesor del que buscará alejarse durante su largo periodo de profesor universitario. Así lo relata el propio Fernández Barragán:

> Tuve un profesor en la preparatoria que me discriminaba; en toda tarea me ponía un seis, yo estaba acostumbrado a sacarme nueves y dieces. Yo cumplía con todas mis tareas, pero no salía de esas notas: cincos, seises. Tenía un amigo alemán en esa clase, Ludwig Furtner, y él sacaba puros dieces. Yo presentía que el maestro no me quería por ser mexicano. Un día, unos dos meses antes de que terminara el ciclo escolar, le planteé esta idea a Ludwig: en la próxima tarea, tú escribes la tuya y yo la mía y, al momento de entregárselas al profesor, tú firmas la mía y yo la tuya, y veremos lo que pasa.
>
> Pasó lo que suponíamos: a él le dio un diez; a mí un cinco. Enojados, decidimos hacerlo nuevamente, y pasó exactamente lo mismo: a él la máxima nota; a mí un seis. Esta vez sí fuimos a decirle al profesor lo que habíamos hecho. El hombre nomás pujaba, colorado, colorado. De ahí en adelante calificaba con nueve mis trabajos, pero ya no me importaba. De las peores cosas que puede tener un profesor en los Estados Unidos y en cualquier parte, es discriminar a sus estudiantes.

En el año de 1976, en la Universidad de Stanford, Celestino llega a destino. El sentido de su vida, que se construye con hechos, ficciones, imaginación, olvidos y memoria, alcanza su momento culminante. Logra el grado de Doctor en Sociología y revalida en su imaginario un trabajo y dos elementos que le reconstituirán su identidad: ha de ser profesor universitario, eso como primera función; y ha de investigar sobre la migración, la sociología de la educación, la cultura popular y la docencia, sus objetos de estudio. Se desborda en el recuerdo cuando refiere su experiencia en Stanford.

> Las becas cubrían la colegiatura, libros y departamento en el campus; yo estaba casado y mi esposa trabajaba para cubrir los otros

gastos. También trabajaba como Research Assistant y Teaching Assistant (asistente de investigación y de docencia) pero sin pago, era parte del entrenamiento del programa de doctorado.

Yo me dediqué completamente a los estudios, trabajando como burro, casi me maté estudiando, leía y escribía día y noche. Hubo, entre todo lo que ahí acontecía, dos cosas que me motivaron mucho: la primera es que yo quería ser profesor, ya me visionaba en esa profesión; lo segundo es que me sentía muy raro en el ambiente de tanta riqueza económica en Stanford; es una universidad grandísima, y por donde quiera se ve la riqueza, especialmente con los alumnos de la licenciatura.

Yo muy consciente decidí que aguantaría el desgaste físico y emocional, pero que de allí no me iba sin el doctorado.

La prisa y el estado civil lo condicionaban para concluir lo más rápido posible. Ya se sentía grande, no quería ser más un estudiante, y deseaba enseñar e investigar. La maestría la concluyó en un año y el doctorado en tres, algo sin precedente en Stanford. A vuelo de pájaro, consigna la figura de un profesor investigador: Sanford «Sandy», M. Dornbush, que encabezaba un proyecto grande sobre los estudiantes en las preparatorias de San Francisco, California. Celestino habló con él para que le permitiera formar parte de su equipo de trabajo. Al lograr la aceptación, se integra a un grupo altamente productivo, pues de ese proyecto surgieron seis tesis doctorales.

Sandy era madrugador como yo. En varias ocasiones para las seis o siete de la mañana, ya estábamos platicando en su oficina acerca de proyectos y otros temas, entre ellos la vida de un profesor, la docencia, la investigación. Platicábamos de la política interna, de la familia, etcétera. Él dirigió mi tesis y con frecuencia iba a su casa a comer queso, tomar vino y revisar los avances.

Cuando estuvo listo el reporte, él me pidió que les regalara copia a todos los maestros de sociología y los invitara a la defensa, no simplemente a los otros dos miembros del comité. Eso hice de manera puntual. Él no quería que algún maestro comentara que, porque yo terminé tan rápido, en tres años, no había cumplido con los estándares académicos esperados en Stanford.

La familia debía estar en los patios de Stanford University aquel verano de 1976. Y así ocurrió. Celestino pasó al estrado por su diploma y sus padres le aplaudieron con ese orgullo del migrante, de esos que saben apreciar el logro pues de la nada hacen emerger una historia con tintes de película. Estuvieron también su esposa, su hija de escasos siete meses, sus hermanos y sus suegros.

La hora de educar

Probablemente la hora de educar para Celestino Fernández Barragán no inició al momento de culminar sus estudios de doctorado, a pesar de que, como se señala, mientras lo cursaba, debió enseñar. «*Sandy Dornbush me daba consejos valiosos. 'Vístete de manera diferente', me decía, vístete bien, para que sepan que eres un profesional y eres el maestro*». Habrá que buscar el origen, ese momento en el que descubre un mundo inusual en la filosofía, la antropología y la sociología. Estas se le presentaron con esos maestros que solemos llamar formadores. ¿Alguien, a estas alturas, duda que habrá algunos docentes que definen el destino de sus estudiantes?

> Todo comenzó en el Community College. Mi interés inicial era la arquitectura, pues disfrutaba mucho de las matemáticas, los números y el diseño. Sin embargo, como parte de los requisitos de educación general en Estados Unidos, tuve que tomar materias como filosofía y antropología. Recuerdo especialmente una clase de antropología impartida por un excelente profesor de la Universidad de California, en Berkeley. Luego tomé una clase de sociología con una profesora que ya ha fallecido, Ann Neal, que en paz descanse. Me encantaron tanto los temas tratados como su estilo de enseñanza. Desde entonces, supe que quería seguir estudiando sociología.

Su hora de enseñar inició a los veinticinco, veintiséis años. ¿Habría pensado que ese largo periplo abarcaría tantos inviernos como cuarenta y tres años? Afirmo que no, nadie tiene comprado el destino, como ningún docente puede sostener, juiciosamente, que su práctica docente es la misma cuatro décadas después. Ortega y Romero (2021) se plantean que hay algunas preguntas que nos deberíamos hacer: ¿Dónde está la «circunstancia» a la hora de educar? ¿Qué lugar ocupa cuando elaboramos un plan educativo? ¿Es el punto sobre el que gira toda la acción educativa, o se interponen otras variables o intereses ajenos a la circunstancia?

En las trayectorias de vida, toda identidad es transicional y está destinada a vivir en la provisionalidad. La circunstancia de Fernández Barragán, la que lo hizo profesor universitario, arranca de una convicción: el papel que le confiere a la educación, menos como un escalamiento social, más como un instrumento para saber explicarse el mundo.

Dicen que la educación es algo que nadie le puede quitar a uno, ya habiendo aprendido algo, ya es parte de la existencia personal. No tiene uno que creer todo lo que le digan, uno puede leer y razonar, pensar por sí mismo, hacer sus propios juicios, interpretar la realidad. La educación, lo saben incluso los gobiernos, es un arma poderosa para tener una sociedad mejor informada. Cuando ya era maestro de la Universidad de Arizona, bromeaba con un colega latino de antropología, Carlos Vélez-Ibáñez. Le decía: el error que cometieron los gringos fue enseñarnos a leer. Con eso teníamos para defendernos.

Enseñar sociología es diferente a enseñar física cuántica. Pensar en una didáctica para cada ciencia no es descabellado. Contribuye a la construcción de la identidad de un docente universitario los factores que le dan sentido a una ciencia.

Celestino había aprendido los códigos de la sociología con profesores cuya didáctica lo impactaron; pero también con otros que no se apartaban del a,b,c, es decir, enseñaban con un libro y privilegiaban la lección del maestro (la conferencia) por encima de otros recursos. Los que menos influencia tuvieron, se le pierden en el recuerdo. Dentro de todos ellos, a decir del propio Celestino, destacaría, además de Sandy, a la maestra Ann Neal, ya mencionada en líneas arriba.

Ella rara vez llegaba a clase sin un libro en la mano. A veces traía un artículo que acababa de leer en una revista académica. Nos decía: «Miren, acabo de leer esto y creo que deberíamos discutirlo». Nos proporcionaba copias del artículo y nos animaba a venir preparados con comentarios y dudas. Nos sentábamos en círculo, rompiendo la disposición tradicional de los asientos alineados. Era una manera de fomentar la conversación abierta y la participación de todos. En ocasiones, cuando el clima era agradable en primavera, llevábamos la clase afuera y nos sentábamos en el pasto. Lo mismo que otros profesores, como Dan Haytin, que también disfrutaba dando clases al aire libre; ellos nos influenciaban con su enfoque centrado en el diálogo y la participación activa, algo semejante al tipo Sócrates.

En los profesores universitarios de larga trayectoria encontramos un común denominador: todos iniciaron su actividad docente a edades tempranas. Los que no fueron profesores de carrera (como es el caso de las biografías de este libro), fueron jóvenes e inexpertos. En su primer contacto con estudiantes en un salón de clases llevaban como armadura lo que marcaban sus intuiciones, lo mismo que las figuras que habían sido relevantes en su formación. Si bien, como hemos visto, Fernández Barragán reconoce a algunos, sus propios modos de entender lo que es enseñar se va manifestando en su trabajo en las aulas universitarias.

Cuando comencé a enseñar en la Universidad de Arizona, algunos alumnos pensaban que yo era uno de ellos. Esto, de hecho, me ayudó a prepararme aún más para mis clases. Pasaba mucho tiempo preparando el contenido, y siempre preferí tener interacciones significativas con mis alumnos en lugar de simplemente leerles notas.

Yo llegaba a la oficina a las seis y media, siete, y me ponía a revisar todas las notas, y en clase nunca leía una de ellas. Fomentaba el diálogo y la discusión, y siempre estaba disponible para responder preguntas y abordar inquietudes. De lo que más recuerdo de esa práctica inicial en la docencia, es la necesidad de explicar detalladamente los conceptos a los jóvenes estudiantes. Aunque uno pueda conocer bien el tema, ellos a menudo tienen poco conocimiento previo. Por lo tanto, **era crucial explicarles de manera que pudieran entender**. Creo que esta experiencia me ayudó mucho en mi carrera en la universidad.

La hora de educar se fraguó, además de lo descrito, con un factor de contexto. ¿Dónde debía trabajar Fernández Barragán? Stanford, la prestigiadísima universidad del oeste de los Estados Unidos, le abría las puertas en un puñado de universidades. La elección de Celestino tenía que pasar por alguno de sus rasgos de migrante anclado en California: la permanencia en una ciudad lo menos compleja posible. Las megaciudades no estaban en su horizonte.

Cuando estaba por Regresar de Stanford con el doctorado, a la edad de 26 años, me ofrecieron puestos en varias universidades.

En la Universidad de California, Los Ángeles (UCLA), medio tiempo en la facultad de Sociología y medio en la de Educación; pero yo no quería que mis hijos crecieran en Los Ángeles, cuidad enorme con muchos problemas sociales.

Otra propuesta vino de University of Minnesota. La visité durante la primera semana de febrero del 1976. Un frío brutal. La nieve apilada unos dos metros. Ahí mismo les dije: «Gracias, pero no puedo aceptar». Una más de University of Arizona, en Tucson. Muy buena universidad, con una facultad de sociología muy prestigiosa. Dije: aquí me quedo un par de años y regreso a California. Me gustó la universidad, la ciudad, el clima seco y cálido, templado en invierno.

Y nada, me puse a trabajar tal y como me habían enseñado mis padres: con muchas ganas y mucha responsabilidad.

La hora de educar, de verdad y en forma permanente, le había llegado. Sabía trabajar; estaba en el campo de conocimiento correcto; discernía muy bien entre lo que sumaba a su buena docencia y lo que no; la universidad admitía la pluralidad. Lo que estaba por venir, esa docencia peculiar de Celestino Fernández iba trazando imágenes aún difusas en su conciencia de profesor con escasa experiencia.

De los corridos a la felicidad. El sello de la docencia en Celestino Fernández

No hay trayectorias iguales entre el profesorado, en este caso, el universitario. Si bien los rasgos de la docencia en Celestino Fernández pueden encontrarse en otros muchos profesores, por ejemplo: planear un curso de una determinada manera; utilizar estrategias de una pedagogía determinada (más en estos tiempos donde privan los métodos basados en el aprendizaje); evaluar a través de productos o proyectos, esas son tendencias que los modelos universitarios imponen hoy día. Pasando de ese nivel y adentrándonos en los modos de la relación profesor-estudiante, en el uso de la palabra, en la creación que un académico posee cuando entiende a la profesión como un oficio o arte, es donde se generan las peculiaridades. Dos creaciones identifican momentos cumbre en la pedagogía de Fernández Barragán: los corridos mexicanos y, los cursos sobre la felicidad.

No hay trayectorias iguales en docencia, muchas veces tampoco en la historia de una persona que quiere realizar una actividad. Para sostener esta afirmación sobrarían argumentos. Viene a mi mente en estos momentos una imagen de la película *Nyad* (Nyad, 2023), basada en la biografía de Diana, del mismo apellido, una nadadora de aguas abiertas que logró varios récords en su juventud, pero el más preciado —cruzar las aguas del Caribe a Florida—, no le fue posible. A los sesenta años, aquella aventura abortada le entró como un sofocón en el cuerpo y puso su vida en riesgo con tal de alcanzar su objetivo. Lo intentó cinco veces en cuatro años, hasta que logró recorrer los 117 kilómetros en cincuenta horas de nado ininterrumpido. Y en las cinco ocasiones, siendo el mismo mar y la misma distancia, las trayectorias fueron diferentes, unas ni siquiera parecidas. Los días, las corrientes, la época del año, todos esos elementos del contexto estaban presentes. No cambiaba su técnica, ni su determinación, ni su preparación física, sí lo que le ofrecía la naturaleza. Nunca un día igual a otro.

¿Por qué Celestino Fernández utilizó el corrido mexicano para hacer pedagogía? Habrá que entender primero lo que estas manifestaciones artísticas representan para la cultura popular. Lira-Hernández (2013) estudia el corrido mexicano, una suerte de fenómeno social que combina la música, la literatura y el aspecto social. Data del siglo XIX y, sostiene Lira-Hernández (2013) que «…elaborados con diferentes estructuras —tanto musicales como narrativas— rasgos y motivaciones, continúan siendo vigentes como objeto de análisis» (p. 29). Añade que, a lo largo de muchas décadas «(…) ha funcionado como un medio de comunicación, de propaganda política o como reproductor de cosmovisiones y sistemas de valores» (p. 30).

Siempre me ha gustado la música, algo que creo heredé de mi padre, a quien también le apasionaba. En muchas clases ponía música para mis alumnos, cambiándola al entrar para indicar que la clase estaba por comenzar. Hubo una ocasión en la que tuve que llevar a mi hijo al hospital de urgencia porque se había fracturado una pierna. Llegué tres minutos tarde a clase y, al abrir la computadora para proyectar las transparencias, una alumna de nombre Ty levantó la mano y preguntó: «*Dr. Fernández, ¿no va a poner música?*». Eso me hizo pensar en los corridos que había estado recopilando sobre inmigración, un tema en el que había investigado y publicado varios artículos.

Comencé a analizar los temas y el contenido de estos corridos, y luego organicé un concurso de corridos en un festival aquí, en Tucson. Después me invitaron a dar talleres sobre el tema y eventualmente comencé a componer mis propios corridos. He compuesto más de cincuenta hasta ahora.

Los signos de la vida van determinando ciertos quehaceres y modos de inventarse la docencia. Cuando aprende, estando en Stanford, que para hacer carrera debe combinar la docencia con la investigación y la extensión, aprovecha las capacidades adquiridas y enfoca parte de su trabajo al estudio de la cultura popular. Un hecho, casi anecdótico, lo llevó a este campo de conocimiento.

En una ocasión, cuando llegué a Arizona, criticaban mucho a los *low riders*, ese grupo de la sociedad que se identifica —aún hoy en día— por la manera cómo sus integrantes decoran sus coches y los ponen bajitos, casi a ras de piso. Ellos tenían una imagen de drogadictos y de vándalos. Entonces, conocí a unos en California que no eran miembros de pandillas; ellos simplemente se dedicaban a sus coches. Así que decidí hacer un estudio aquí con los *low riders* y compré un coche, un Chevrolet Supersport, modelo 1963, y lo arreglé. Ese auto me dio acceso a la comunidad para poder llevar a cabo esta investigación. Escribí algunos artículos y luego vendí el coche. Después de eso, me interesé un poco más en la cultura popular.

Durante años estuvo enseñando una materia sobre sociología de la cultura popular, bajo los modos que había aprendido de sus mentores, añadiendo los propios que su experiencia le iba dictando. Enseñaba también educación y otras materias relacionadas con la investigación. La música se había incorporado a su estrategia pedagógica y, como se señala, eso lo llevó al mundo de los corridos, un sello de su trayectoria profesional que le ha generado reconocimientos públicos.

Otras cualidades estuvieron de forma constante en su práctica docente: el ser organizado; el llegar temprano a la universidad; la preparación cotidiana de la clase a impartir, revisando notas, enriqueciéndolas con lecturas adicionales y estar en salón de clases minutos antes de las ocho de la mañana, para preparar el equipo que requeriría y, sobre todo, para saludar a cada estudiante.

Evadió siempre una práctica que no le gustó de sus profesores cuando fue estudiante: leer en voz alta el capítulo de un libro.

No les leía a los estudiantes, conversaba con ellos; los miraba a los ojos, directamente a los ojos. Me gustaba tratar de mejorar y experimentar. Con la tecnología, por ejemplo, les preguntaba seriamente a mis alumnos sobre las clases, cómo podía mejorarlas.

Para mí, cada semestre, cada año escolar, era un comenzar de nuevo, una nueva oportunidad, un amanecer, una salida del sol.

Probablemente el momento cumbre de la docencia universitaria de Celestino Fernández esté en una categoría impensada al inicio de su trayectoria: la felicidad. Indudablemente ha sido un hombre que, en diversos pasajes de su vida, ha sido feliz. La docencia le generó más alegrías que tristezas y, en general, ha tenido una buena vida. Por ello no sorprende su asociación con esa categoría. No hay un antes ni un después en la docencia universitaria, hay circunstancias que se leen de una manera o de otra, circunstancias que nos impactan en mayor o menor grado, dependiendo de las condiciones en la que nos encontremos. A Fernández Barragán, le preocupó lo que veía en sus estudiantes.

Yo notaba que muchos de mis alumnos hacían presentaciones sobre marketing, y todo el marketing les decía que comprar ciertas cosas los haría felices. Pero muchos de ellos no sabían cómo alcanzar la felicidad de verdad, y eso me preocupaba, especialmente porque notaba que la ansiedad y la depresión estaban aumentando entre ellos. ¿Qué les está pasando?, me preguntaba. Entonces decidí estudiar la categoría durante dos años.

Leí sobre sociología, economía, religión, neurociencia y cualquier otro tema relacionado con la felicidad. Conversaba con mis alumnos y los alentaba a visitarme en la oficina para platicar sobre cualquier cosa, personal o académica. Conocía a consejeros en la universidad que trabajaban con los alumnos, y ellos me comentaban sobre el aumento de la ansiedad y la depresión. Fue entonces cuando me propuse diseñar un curso sobre la felicidad.

El impacto de esa inquietud transformada en una investigación documental con un componente empírico no fue dimensionada por el profesor Celestino. Conforme iba profundizando en la teoría, mejor iba entendiendo los rostros mustios y las expresiones de desinterés —hasta por la vida— de sus estudiantes.

Las herramientas pedagógicas que ya poseía como un académico maduro, las utilizó en el diseño de un curso que debió pasar por una larga procesión de validaciones en la Universidad de Arizona, desde los comités académicos, hasta la decanatura correspondiente. Si bien no fue fácil, los argumentos tenían peso. La materia ponía énfasis en la práctica de actividades que pudieran aumentar el bienestar de los alumnos y les alentaba a mantener un diario.

El curso se convirtió en un éxito. Llenaba un auditorio con 500 alumnos cada semestre, y muchos más querían inscribirse. El tema de la felicidad es universal, y tuve la oportunidad de dar conferencias a muchas personas interesadas en el tema. Hubo mucha teoría y muchas actividades prácticas para ayudar a los estudiantes a comprender mejor qué es la felicidad y cómo pueden alcanzarla. He dado conferencias aquí en Tucson, por ejemplo, a un grupo de 1500 personas, también en México y hasta en Rumania.

Hasta el día de hoy, sigo recibiendo mensajes de exalumnos agradeciéndome por el impacto que el curso tuvo en sus vidas. Recuerdo una de ellas. Una vez, una chica compartió en clase cómo el diario la había ayudado a superar el trauma del abuso sexual. Fue un momento muy emotivo y significativo para todos.

Es gratificante saber que puedo hacer una diferencia en la vida de mis estudiantes y ayudarles a encontrar la felicidad en medio de las presiones y desafíos de la vida universitaria.

Celestino Fernández Barragán ha tenido una historia de corrido. Seguro él mismo pudiera escribirlo iniciando con una estrofa de migrante, algo así como: »*El año 57, presente tengo esa fecha, de Michoacán a California, salieron como una flecha*». Su vida no ha sido de trashumante, más bien de raíces bien afincadas en la tierra.

Hombre binacional, ha tenido tres valores fundamentales en su vida: el trabajo, la educación-escuela, el sentido de humanidad. Él sí puede rendir buenas cuentas después de un recorrido de más de cuarenta años viviendo la docencia universitaria. Vivió el ambiente de las universidades como profesor asistente, el escalón inicial en la docencia universitaria en los Estados

Unidos, hasta ser nombrado Vicerrector Académico en la Universidad de Arizona, por un periodo de quince años. El hombre entendió la función del profesorado desde las trincheras y desde la toma de decisiones al más alto nivel. Y a pesar de lo agobiante del trabajo de gestión que demanda la administración, no pasó un año sin que diera al menos una clase.

Su reflexión final es ilustrativa. Si debiésemos decir que la suya fue una práctica que lo acercó a la dimensión de educador, no estaríamos lejos de la realidad.

En mi experiencia como docente, **he aprendido que la relación con los alumnos va más allá del aula.** He construido amistades duraderas con algunos de mis alumnos y sus familias, invitándolos a nuestra casa para compartir comidas y conversaciones. Algunos incluso se convirtieron en compadres, invitándome a apadrinar a sus hijos. Siempre me ha conmovido ver el interés genuino de mis alumnos y estoy agradecido por la oportunidad de guiarlos, en lo académico y en lo personal. Matizo esto como un principio pedagógico que guio mi trabajo como profesor universitario: El enseñar y el aprender no ocurre simplemente en un aula, y educar no se trata solo de contenidos.

En toda mi trayectoria, si bien tuve alumnos excelentes, la mejor de ellas fue Jessie Finch. Le di clases en el doctorado; fue una gran colaboradora para el proyecto de Felicidad. Mi relación con ella y su esposo va más allá de la escuela y del trabajo. Con gusto mi esposa y yo les hemos invitado a nuestra casa de playa en Puerto Peñasco, Sonora.

En esa evocación del ejercicio docente y las aventuras vividas, Fernández Barragán se sorprende del paso del tiempo y de los cambios que el mundo ha traído, y la manera como han impactado a las universidades. En el rebobinar de las hojas del calendario, recuerda con particular afecto a un profesor que le enseñaba en la universidad. Un compañero y él llegaban a la clase con un arsenal de preguntas y comentarios que por momentos desesperaban a su maestro. No sabiendo cómo callarlos, les prometió que si hacían menos preguntas los llevaría en su auto a Stanford, un fin de semana, para que conocieran al autor del libro que estudiaban en la clase. El buen profesor hace promesas que debe cumplir, y ese hombre se las cumplió. Los llevó de Santa Rosa a la Universidad en un viaje por carretera de dos horas, y los puso frente al autor para que platicaran y le preguntaran todo lo que se les ocurriera.*»Nos llevó porque a él le nacía, sin rendirle cuentas a la autoridad universitaria».*

Ese buen profesor generó impacto y se refleja en su filosofía sobre la profesión:

> Para mí, ser profesor nunca fue un trabajo, es decir, fue mi pasión, fue un gusto. Bromeaba con mis alumnos, que me gustaba tanto la docencia que la Universidad ni tenía que pagarme para que yo fuera profesor; claro, era broma; me tenían que pagar y bien pagado. Hay muchos profesores que se quejan de los alumnos; para qué quejarse, hay que encontrarlos donde estén y de allí llevarlos a otros espacios, a otros conocimientos. **Me emociona la enseñanza, tanto dentro como fuera de las aulas**. Me emociona cuando noto que mis alumnos están verdaderamente aprendiendo. Francamente, lo único que extraño de la universidad ahora que estoy jubilado es a los estudiantes.

Notas desde la bitácora personal

Los abalorios de Celestino se muestran en racimos. El primero es el vínculo entre las huertas de manzanas y la escuela norteamericana con un idioma que no era el propio. Luego viene el tesón y el mérito académico hasta llegar a un doctorado en Stanford. Los corridos, la felicidad como objeto de estudio para la pedagogía, la profesionalización de la docencia, hacen el conjunto de abalorios. La escuela de hoy, de acuerdo con Mínguez (2022) hace un fuerte cuestionamiento acerca de la cruzada por la tecnología, el saber instrumental, la eficiencia y la eficacia:

> «La visión instrumentalizada del alumno en la práctica escolar ha contribuido a generar una amplia sensación de abandono, desarraigo y orfandad del alumno. Resulta bastante evidente que en la escuela, a menudo se respira una atmósfera de desafección por la pérdida o ausencia de vínculos, por la provisionalidad de las relaciones o por la vivencia efímera o puramente transitoria de lo que ocurre en el espacio de las escuelas (…); y esta impresión no es otra cosa que un retrato de la situación del hombre contemporáneo, de su extrañamiento, de su despersonalización a la que la sociedad postcapitalista o postmoderna ha ido creando durante los últimos tiempos» (p. 249).

En millares de profesores se puede aplicar esta visión crítica de la educación y su extensión social: la escuela. Hombres y mujeres que entraron al mundo de la docencia porque la vida los llevó ahí y no supieron cómo rebelarse a esas fuerzas complejas de entender. No fue el caso de Celestino Fernández. Seguramente por su formación sociológica fue capaz de descubrir la vulnerabilidad y el desarraigo, y por su condición de México-americano, migrante de origen, sintió la discriminación hacia los grupos minoritarios en un país altamente discriminador. Eso pudo funcionar como acicate para vivir una práctica docente donde siempre estuvo el saber y la investigación, como no podía ser de otra manera, y en medio de ello los afectos, la cercanía con los estudiantes, la preocupación por saber y entender sus condiciones.

En la reflexión que expresa sobre la buena docencia, y en la interpretación de su trayectoria, ¿qué sobresale? Un compromiso personal con el aprendizaje que tiene tres componentes: la disciplina en la que fue formado, que lo lleva a un sentido de la responsabilidad; la pedagogía y sus misterios, que detonan la creatividad y los proyectos; el cariño por sus estudiantes, que lo sitúan en las fronteras de un educador. *«La educación vale muchísimo, especialmente para la gente de pocos recursos económicos; abre la mente, abre caminos, y ojalá que abra el corazón»*, lo expresa sin vacilaciones. El vínculo entre universidad y comunidad, expresado no solo en la teoría, sino en el trabajo comunitario, en la participación activa en comités. Un rasgo muy personal: los corridos, escribirlos, difundirlos y hacer pedagogía con ellos.

Y como la identidad profesional de un docente universitario se explica también desde las biografías personales, encontraremos en la ecuación al padre, a la madre, a la abuela e invariablemente un profesor que vio el rostro y se responsabilizó de alguien a quien miró: *«Cuando reafirmo el valor de la educación, esta pregunta siempre me asalta: ¿a dónde hubieran llegado mis padres si hubiesen tenido la oportunidad de estudiar? A los dos les gustaba leer, después en ambos idiomas, español e inglés»*. Quién sabe a dónde habrían llegado, pero su función formadora les permitió ver en plenitud a uno de sus hijos, el Dr. Celestino Fernández Barragán, enseñando a otros, incluso enseñando a otros cómo enseñar. Y su padre supo que no se equivocó, ni una sola tarde, al llevarlo a trabajar desde pequeño a los manzanares de Santa Rosa. Y su madre estuvo a la altura, con el aliento y con la exigencia. A ella siempre le gustaron las calificaciones más altas. No conozco a una madre que no.

El primer abalorio de RAQUEL RUBIO GOLDSMITH

La escuela pública norteamericana para «mexicanos». La Escuela de la Calle 7

Cuando ingresé a la escuela pública que se encontraba a solo dos cuadras de mi hogar, supe de inmediato que era diferente. Era conocida como la Escuela de la Calle 7, y estaba destinada para mexicanos. En aquellos tiempos, la segregación escolar era una realidad palpable (…). Mi madre, profundamente arraigada a su país de origen, siempre nos inculcó el amor por México y la importancia de la educación.

Fue una situación complicada. Me encontré en la clase de aquellos chicos que aún no dominaban el inglés, aunque para entonces yo ya lo entendía bastante bien. Desde pequeña, cuando mis padres querían hablar de algo sin que yo entendiera, recurrían al inglés, y así fui aprendiendo el idioma poco a poco. Además, tenía una amiguita que también hablaba inglés, así que cuando ingresé a la escuela, ya estaba acostumbrado al bilingüismo (…).

Con el tiempo, resultó que éramos tres chicas en esa clase que ya hablábamos inglés: Alicia Aragón, Estela Encinas y yo. Rápidamente nos hicimos amigas, y gracias a la dedicación de Miss Gladys, una extraordinaria maestra, nos pasaron al tercer grado. Ella se quedaba después de clases para ayudarnos a perfeccionar nuestra pronunciación, lectura y escritura. Durante todo el año nos apoyó y gracias a ella, tuvimos un gran progreso.

3

La profesora de la justicia y de la educación comunitaria: *Raquel Rubio Goldsmith*

Recuerda que tienes una sola alma;
que tienes una sola muerte para morir;
que tienes una sola vida.
Si sabes esto, habrá muchas cosas que no te importarán.

TERESA DE JESÚS

A punto de empezar a escribir la trayectoria de una profesora universitaria que honró esa profesión por más de cincuenta años, una colega entra a mi oficina y, sin mayores preámbulos, me suelta una historia, *de las que a ti te gustan,* me dice. *Conoces a la maestra Luisa, ¿cierto? Pues te cuento.* La anécdota se reduce a esto: la maestra enseña materias del ámbito de las ciencias biológicas en un bachillerato y tiene muchos problemas con su directora de escuela. La señora, cercana a los sesenta años, es hosca, poco comunicativa y demasiado vertical en la toma de decisiones.

A Luisa le gustan los libros, los animales, los ecosistemas naturales, por supuesto, los países con pasado largo, rico y diverso. A la directora eso la aburre, no le ve ninguna utilidad, es pérdida de tiempo. Luisa tiene cuarenta y cinco años, un carácter introvertido, tiene pocas amigas, le cuesta socializar; la directora no sabemos si tiene o no amigos, para el caso, poca importancia tiene.

A Luisa le gusta enseñar, piensa en técnicas que puedan serle de utilidad para interesar a adolescentes cada vez menos atraídos por el medio ambiente natural y por fenómenos como el cambio climático. Por ello compra muchos libros, y mapas que coloca por todas las paredes del salón de clases, para que, aunque sea un alumno, se interese por algún buen libro o le pregunte por un ecosistema prístino.

En cierta ocasión, la directora estaba de mal humor. Ese día entró al salón de Luisa y al ver ese pequeño museo natural, montó en cólera y empezó a tirar todos los libros y los mapas al patio de la escuela, gritando maldiciones. Luisa entró en un shock nervioso que fue creciendo hasta volverse incontrolable. Los estudiantes presenciaron la escena con rostros de asombro y con un cierto sentimiento de piedad cuando vieron que ella perdió la compostura y dejó de saber en dónde estaba. A consecuencia de ello, pasó una semana internada en un hospital, sedada, a ratos consciente y otros tantos, sin saber de las regulaciones naturales del desierto *El Sonora.* Quiere regresar a la escuela, pero no lo hará mientras esa tirana siga al frente.

Podríamos enfocar el problema preguntándonos cómo esa profesora de marras llegó a ser directora. Habría varias conjeturas, entre ellas que llegó por edad y escalafón, por alguna buena relación con la autoridad, pero juiciosamente, no por capacidad ni por las cualidades que se requieren para dirigir una escuela. Ese no es el foco de atención de la anécdota. Sí lo es la maestra lectora que enseña materias de las biológicas.

Cuando se hace referencia a los buenos profesores, se sostiene que lo son, entre otras cosas, por su autonomía, el sentido de colaboración, la autoconfianza, y que con esas cualidades son capaces de abrir fisuras a un sistema escolar que parece una pieza monolítica, sumido en el tedio y la rutina (Gaviria, 2023 y López de Maturana, 2009). Los otros elementos, que no vienen de la personalidad ni de los constitutivos de una profesión (el caso del contexto escolar y el medio social), concurren a la definición de un estilo y una forma de actuación, y en ocasiones tienen una influencia determinante.

La profesora de este breve relato puede ser considerada una buena profesora por las cualidades mencionadas por Gaviria y por López, especialmente por el sentido de colaboración y por los saberes que ha acumulado de la ciencia que enseña, pero el contexto escolar no la deja desarrollar todo su potencial. Ahí funciona como una camisa de fuerza y hay que reconocer que en ocasiones no alcanza con las buenas intenciones. Eso nos lleva a sostener que las trayectorias de los profesores universitarios se explican, también, por la universidad y el entorno social en el que se encuentran. Solo quiero remarcar esto: tienen un impacto, pero no condicionan del todo ni estandarizan las conductas ni las maneras de vivir la docencia. Si fuera tal, todos los docentes que enseñan en un programa académico harían lo mismo, y no es así. Se debe anteponer a una mediocre gestión administrativa, un cierto espíritu por investigar, lo mismo que un pensamiento constante sobre cómo mejorar lo que se hace, y una claridad conceptual sobre el valor de la educación.

En ese espíritu por investigar, tanto de los campos de conocimiento que siempre fueron de su interés, como de la forma de romper con un tipo de enseñanza medieval, así como una clara convicción de que la buena educación ayuda a reducir las injusticias, es como se construyó la trayectoria de profesora universitaria de Raquel Rubio Goldsmith.

El bilingüismo en un ambiente de injusticia y desigualdad

Hay un hilo conductor en la historia de vida de la profesora Raquel Goldsmith, que parece venir desde la caverna de su infancia, y es éste: desde lo espiritual o desde lo mundano, desde un humanismo particular que concibió toda su vida y desde las creencias que le fueron dando identidad, el ejemplo estuvo presente en su actuación cotidiana. Si bien es cierto que no emprendió el camino de los que supieron que el ejemplo se da, no se escribe en los edictos ni en las redes sociales hoy día, su ejemplaridad está más acotada, es menos histórica, más vivencial, de alcance más concreto y de impacto más cercano. Su manera de entender la educación funciona casi como epígrafe de este apartado.

> Nos define mucho menos lo que pensamos y más el entorno en el que actuamos. Yo tuve la gran suerte de trabajar, a mis treinta y cuatro años de edad, en un proyecto de educación comunitaria que reafirmó una idea de pubertad que tenía sobre la educación: estudiar para hacer y practicar la justicia. El Pima Community College

se destacaba por su enfoque democrático en la educación, abriendo sus puertas a cualquier persona que quisiera estudiar, incluso si no habían completado la escuela secundaria.

Nuestro objetivo era asegurarnos de que nadie quedara excluido, y que cada estudiante, joven o adulto, alcanzara sus objetivos educativos y que la comunidad estuviese involucrada en el proceso de toma de decisiones.

El desafío para la profesora Raquel fue emocionante y significativo. En su trabajo el concepto estaba en forma permanente: la educación podía ser un instrumento poderoso para el cambio social, y ella estaba decidida a hacer su parte para alcanzar esa finalidad.

Conocí a la profesora Raquel Rubio Goldsmith en la primavera del 2019. Había acordado con el profesor Celestino Fernández desarrollar un trabajo de investigación sobre las abuelas mexicanas radicadas en los Estados Unidos, y dado el interés porque ese trabajo fuese entre dos universidades, pretendía que una colega de la Universidad de Arizona se integrara al equipo. El profesor Fernández amablemente nos invitó, a un colega y a mí, a desayunar a su casa, en Tucson, Arizona. En ese desayuno nos presentaría a la investigadora. Al momento de conocer a Raquel, pensé que Celestino se había equivocado y nos había llevado a una abuela mexicana, pues la mujer rondaba los ochenta años y, la lógica apuntaba a que, con esa edad, estuviera jubilada.

Las sorpresas en esa mañana se fueron sucediendo una a una. La profesora Goldsmith hablaba de los métodos cualitativos en investigación educativa, como si hubiese estudiado con Max Weber, Edmund Husserl y los posteriores autores de la hermenéutica, la fenomenología, la teoría fundamentada y más. Y de la mujer mexicana migrante, lo sabía todo.

Quiero estudiar la trayectoria de esta maestra, le dije a mi colega cuando manejábamos el auto de regreso a Baja California. Dos razones justificaban mi repentino interés: en un par de horas de conversación, descubrí que su memoria le funcionaba a la perfección. Me hizo recordar a Mario Hernández Maytorena un hombre de noventa años que entrevistamos por cerca de veinte horas, enzarzado en su historia personal con una claridad desconcertante (Gárate, Linares, y Linares, 2010). La segunda razón fue más poderosa: tenía cincuenta años como profesora universitaria. En el momento del café de ese desayuno le pregunté si pensaba jubilarse. Su respuesta disparó mi interés.

> No pienso jubilarme pronto. Disfruto mucho enseñar y aprender de mis estudiantes. Ocho, diez jóvenes sentados en un círculo en el salón de clases. Les hablo sobre las teorías de la migración mexicana a los Estados Unidos, y ellos me hablan de sus investigaciones.

Un año después, en el verano del 2020, sostuvimos una reunión de trabajo sobre la investigación de las abuelas mexicanas. La pandemia de la COVID-19 mantenía el terror en la población mundial y los salones de clases en muchos países seguían cerrados. La mirada de Raquel que me traía la pantalla de la computadora (sosteníamos la sesión por la plataforma Zoom) era una mezcla de tristeza, melancolía y fatalidad. ¿Cómo te sientes?, le pregunté. Su respuesta fue más allá de su salud.

> Me retiro de la docencia universitaria, Alberto. No sé cómo enseñarle algo a mis alumnos desde una máquina como esta. **Mi razón de estar es verlos, sentir su presencia**, convivir en un espacio físico. No concibo otra forma de educar.

Toda profesión tiene sus secretos y sabios que escalan a la altura de dioses, casi siempre inalcanzables. Los que estudian a esos dioses venturosos lo hacen con devoción, sabiendo que nunca estarán a ese nivel, pues el sacrificio los rebasa. La ejemplaridad de los grandes líderes es brutal, pues dejan una vida por aventurarse en otra, por eso los auténticos son tan pocos.

Raquel no fue una sabia de la educación, y sí admiró a los grandes (Gandhi, la Madre Teresa de Calcuta, el propio Martin Luther King), los leyó con mucha devoción y, al hacerlo, entendió que ellos lo hacían de una manera, pero ella tenía que hacerlo a la suya. No dejó su vida de luces y de sombras por buscar el martirio de la trascendencia. Después de estar en distintos sitios, se arraigó a una tierra y en ella labró su trayectoria de profesora universitaria. No sabía, como lo sostiene Rodríguez y Covarrubias (2021), que el profesor es un sujeto activo del currículum que tiene el derecho y la obligación de aportar sus propios significados, además tiene responsabilidades particulares como mediador, reproductor de cultura, transmisor de valores, normas y modelador de la socialización.

¿De dónde le vinieron sus propios significados? ¿Desde qué valores buscó educar esta profesora? ¿Reproductora de la cultura o transformadora de la misma?

Su madre, nativa de Nacozari, Sonora; su padre, trabajador ferrocarrilero, de Douglas, Arizona. La mujer vivió en el Distrito Federal hasta la pubertad y luego llegó a vivir a Douglas. Ahí se conocieron y se casaron. Al tiempo nació Raquel. Sus idiomas nativos fueron el español y el inglés, y su realidad cotidiana, la migración mexicana a los Estados Unidos.

> Cuando ingresé a la escuela pública que se encontraba a solo dos cuadras de mi hogar, supe de inmediato que era diferente. Era conocida como la Escuela de la Calle 7, y estaba destinada para mexicanos. En aquellos tiempos, la segregación escolar era una realidad palpable: los mexicanos asistían a una escuela, mientras que los anglos a otra. Incluso había una pequeña escuela designada específicamente para unas diez o quince familias negras, donde se enviaban a los niños de esa comunidad. Así que, por supuesto, a mí me tocó ir a la de los mexicanos.

Su madre, que tenía un profundo amor por México, se mostraba renuente a mandarla a ese centro escolar, pero no tuvo más opción pues quería que sus hijos estudiaran, algo poco usual en la década de los cuarenta del siglo pasado.

> A pesar de haber estudiado solo hasta el tercer año de secundaria, lo cual era bastante notable en aquel entonces, mi madre siempre valoró la educación y nos instó a mis hermanos y a mí a estudiar con empeño. Siendo la mayor de nueve hijos, yo tenía aún más responsabilidad y tiempo para dedicar a mis estudios. Afortunadamente, mi hermana y yo éramos los mayores, y ella logró obtener una beca excepcional para asistir a un exclusivo colegio para mujeres en Pensilvania, llamado Bryn Mawr College.

En un entorno fronterizo, el bilingüismo le generó algunas ventajas. En casa se hablaba el español, pero cuando sus padres tenían alguna discusión, recurrían al inglés. Raquel abrevó las palabras de ambos idiomas.

> En la escuela, en mi primer año, pasaba la mayor parte del día traduciendo, porque la maestra no hablaba español y los demás chicos no podían comunicarse con ella. Ahí estaba yo, traduciendo

sin descanso. Había destacado en ese año especial, lo que llamaban «*one C*» para los que hablaban principalmente español. A pesar de que me habían propuesto pasar directamente al tercer grado, me pusieron en segundo porque mi habilidad para leer y escribir en inglés aún no era suficiente. Fue entonces cuando conocí a Miss Gladys Woods.

Éramos tres chicas en esa clase que ya hablábamos inglés: Alicia Aragón, Estela Encinas y yo. Rápidamente nos hicimos amigas, y gracias a la dedicación de Miss Gladys, nos pasaron al tercer grado. Ella se quedaba después de clases para ayudarnos a perfeccionar nuestra pronunciación, lectura y escritura. A lo largo de mi estancia en Douglas, ella siempre estaba pendiente de mí, preguntándome sobre mis estudios y mi futuro universitario. Incluso seguía en contacto con mi familia y en ocasiones nos visitaba.

En la trayectoria de la profesora Rubio Goldsmith se advierte una vena religiosa espiritual que podría explicarse por algunos encuentros de su niñez con la religión. Unas religiosas mexicanas, que pertenecían a la orden de la Compañía de María, huían de la polvareda de enconos y muertes que provocó la Guerra de los Cristeros[1]. Llegaron a Douglas provenientes de Aguascalientes. Su peregrinar tuvo eco en las familias católicas que las acogieron y las integraron a la comunidad. Ellas correspondieron con clases de catecismo y con el cuidado de los niños. La memoria de Raquel se regodea con los detalles.

Mi madre nos enviaba allí dos veces por semana para asistir al catecismo, y yo quedaba fascinada por estas mujeres maravillosas. Siempre irradiaban alegría y sabiduría. Sus clases eran increíbles: nos enseñaban a través de murales, nos ponían a pintar, cantábamos juntos y participábamos en procesiones. Era como entrar en otro mundo al llegar al convento de las madres mexicanas. De esa congregación, tengo un recuerdo especial de la madre Serrano. Con ella estudié piano. Ella siempre me instaba a seguir adelante, a estudiar con dedicación. Incluso me planteó la posibilidad de convertirme en monja, algo que me interesó por un tiempo, aunque luego cambié de parecer. Sin embargo, el apoyo y el amor que recibí de ella fueron invaluables.

---

[1] Si bien esta lucha entre católicos y el gobierno federal dura oficialmente tres años (1926-1929), lo cierto es que diez, quince años después, las secuelas seguían presentes en diversas regiones del país, particularmente en los estados del altiplano, entre ellos Aguascalientes.

La profesora Rubio Goldsmith creció en un ambiente de contradicciones. Por un lado, sin necesidades económicas apremiantes, con acceso a la escuela, con una familia acogedora y formadora; por otro, conforme sumaba años a su vida, se incrementaba en ella la conciencia social. Olía desde su casa la injusticia, pues creía que su padre, por el conocimiento que tenía, podía tener un mejor puesto en el ferrocarril, pero era discriminado, lo mismo que las madres mexicanas del convento. *«Me daba cuenta de que, sabiendo más que otros, nunca llegaría a ser jefe»*. Las religiosas estadounidenses no tenían ningún tipo de carencia económica. Y cuando llegó el momento de estudiar una carrera universitaria, volvió a sentir el golpeteo de la desigualdad y, de alguna manera, de la discriminación. Entonces, es comprensible que el valor de la justicia fuese el núcleo de su búsqueda.

> Decidí buscar oportunidades en universidades estadounidenses que ofrecieran becas completas para mujeres. Pasé meses esperando ansiosamente las respuestas, pero al final, ninguna de ellas me ofreció lo que necesitaba. Fue un momento desalentador, pero mi determinación por seguir adelante nunca se desvaneció. Quería aprender, pero no cualquier cosa; mi deseo era adquirir conocimientos que trajeran consigo un sentido de justicia. Esa era mi búsqueda primordial. Sin embargo, estaba dispuesta a aprender cualquier cosa que me permitiera salir adelante y buscar mi propio camino en la vida.
>
> **La idea de justicia estaba arraigada en mí**, en gran parte debido a las experiencias de mi padre de no poder tener el trabajo que merecía. La presencia de la injusticia era clara y constante en mi vida, alimentando mi deseo de buscar una educación que pudiera abordar estas cuestiones. Por si eso no bastara, las experiencias de las monjas mexicanas en el convento de las dominicanas —saturadas de carencias económicas—, también me abrieron los ojos a la discriminación y la desigualdad.

La tía Artemisa, el Distrito Federal y la Universidad Nacional Autónoma de México (UNAM)

La profesora Raquel tuvo una pariente, tía de su madre, culta, pudiente y virtuosa. Pianista y viajera del mundo para esas épocas donde no mucha gente viajaba, la tía Artemisa rompía los moldes. Bien relacionada en la capital del país, alentó a su sobrina a que le permitiera a Raquel, su hija mayor, ir a estudiar a la Universidad Nacional Autónoma de México. «*Así no estaría tan sola en aquella casa grande*». Había enviudado y la soledad la asaltaba en las madrugadas. A la jovencita la sedujo la idea, en parte por su desilusión de no recibir las becas que ella requería en Estados Unidos, y también porque hablaba el español y conocía México por los viajes de vacaciones que había realizado con su familia. El trayecto a la capital por ferrocarril fue una aventura. Recorrió la ruta de la revolución mexicana en un vagón *pullman*, saliendo de Ciudad Juárez, sitio de más de una batalla de Francisco Villa. Viajó gratis —por los beneficios que tenía su padre—, sola desde la frontera hasta Torreón, donde su abuelo se subió al tren para viajar juntos al destino final.

> Aquella aventura la inicié en 1952, y mi trayectoria en la UNAM en la primavera de 1953. Una hermana de mi madre me proporcionó información sobre esa universidad, describiéndola como el lugar perfecto para mí. Me enlistó los documentos necesarios para solicitar admisión, y así comenzó una nueva etapa en mi búsqueda de educación y justicia. Tía Artemisa, dijo: «*Ven, aquí lo arreglamos*». Así fue como llegué, y mi tía, siempre feliz, me abrió las puertas. Ella era mayor, ya estaba viejita y llevaba como ocho años viuda, muy sola. Pero tenía una casa magnífica. Su esposo había sido fundador del hospital francés en México, un cirujano oaxaqueño muy famoso en el campo de la cirugía. Así que ella tenía una vida bonita, con suficiente dinero y una casa muy lujosa. Solía viajar mucho, a Europa principalmente, ya que tenía muchos amigos en Francia y Alemania, así como en Nueva York. Pero desde que quedó viuda, no había vuelto a Europa.

Por su edad, escasos quince años, y porque le venía bien fortalecer el español escrito, se inscribió en una escuela preparatoria incorporada a la UNAM. La colegiatura era sumamente accesible. Esta experiencia de encontrarse con profesores mexicanos añadió muescas al molde de lo que sería su práctica docente años después. De nuevo su memoria de agua cristalina se presenta en el relato.

> Cuando llegué a México, aunque podía hablar español más o menos bien y escribir un poco, a nivel universitario era imposible. Por eso

empecé mis estudios en la preparatoria. Tuve unos maestros maravillosos en la Preparatoria 1, la que está en San Ildefonso. Uno de ellos, maestro de historia, Manuel Sánchez Gavito, un orador nato. Aunque nunca escribía nada, se pasaba la vida en los archivos preparando sus clases y luego daba unos discursos maravillosos.

Y tuve otros maestros excelentes también, como uno de griego antiguo, y otro de psicología, un tipo muy peculiar. En su clase, se decía que, para calificar los exámenes, los lanzaba al aire, y los que caían en la mesa eran calificados con diez, y los que caían al suelo, con cinco. Recuerdo de manera especial a la maestra de Geografía humana, una abogada de profesión, quien lograba impartir sus clases con una pasión y conocimiento encomiables.

Es curioso cómo los compañeros de estudio le merecen un recuerdo especial, por momentos poético, vinculantes a un modelo de educación colaborativo y democrático. La paisajística de las escuelas y las bibliotecas, están nítidas en su recuerdo. Por su elegante descripción, amerita la larga cita.

También estaban los compañeros, esas personas que se convertían en tu soporte en medio de la vorágine académica. En aquel entonces, las bibliotecas eran nuestros lugares de peregrinación. Recuerdo la del Congreso de la Unión, la Nacional, cada una con su peculiaridad. La del Congreso era la mejor equipada, pero para obtener un libro debías pasar por todo un ritual: llenar fichas, hacer filas interminables, esperar, y esperar más. Pero valía la pena.

La sensación de entrar en esas antiguas iglesias convertidas en templos del conocimiento era indescriptible. Había una atmósfera especial en esas salas de lectura, oscuras y llenas de historia. Recuerdo llevar mi propia lámpara, ya que las que ofrecían rara vez funcionaban. Y el frío..., el frío que se colaba entre las páginas de los libros y las mesas de madera antigua. A pesar de todo, esos momentos en la biblioteca se volvieron especiales gracias a mis amigos, con quienes compartíamos libros, notas y risas. Fue así como aprendimos a aprender por nosotros mismos, apoyándonos mutuamente en esta búsqueda de conocimiento.

En esos años, los compañeros eran más que eso, eran cómplices en nuestra travesía académica. Las amistades que se formaron entonces perduraron a lo largo de los años, hasta que la partida de mis últimos amigos dejó un hueco difícil de llenar. Pero su legado de compañerismo y apoyo mutuo sigue vivo en mi memoria, recordándome la importancia de cultivar relaciones profundas y duraderas en el camino de la vida.

Los estudios en la preparatoria, además de dejarle esos profesores de púlpito que daban cátedra, le dejó varias cosas más: un español perfeccionado, a tal nivel que fue capaz de ganar un concurso de los Juegos Florales en la categoría de ensayo, hecho que le permitió conocer al gran poeta mexicano Octavio Paz, y viajar con él de regreso de Zacatecas, una vez concluida la premiación; una ansiedad por estudiar más, mucho más que para ser traductora de las Naciones Unidas.

El sentido de justicia permanecía encendido en su conciencia, de modo que optó por estudiar leyes, a pesar de que su tía abuela no estaba muy convencida de ello. A mediados de los años cincuenta, intelectuales de la altura de José Gaos y Leopoldo Zea, dominaban las praderas del conocimiento.

> Me inscribí en Derecho y en Filosofía y Letras para estudiar historia. Durante mis estudios, tuve la suerte de contar con excelentes maestros que me guiaron y me inspiraron. En Filosofía, tuve clases con maestros como José Gaos y Leopoldo Zea, cuyas enseñanzas me marcaron profundamente. Además, tuve la oportunidad de trabajar con un maestro en Derecho que me enseñó a pensar de manera crítica y profunda. Su influencia fue fundamental en mi formación académica.

Tres, cuatro años de ir a la UNAM se le fueron como un atardecer en el mar. En un pestañeo ya estaba litigando como pasante para ese excelente maestro en Derecho, Óscar Morineau, quizá su mayor referencia en la docencia universitaria de aquellos años. Su afán de buscar el sentido de justicia la llevó a obtener una beca para especializarse en amparo. El abogado Morineau le abrió las puertas en los juzgados y en la Suprema Corte de Justicia. Por si eso fuera poco, la buena fortuna y su capacidad la llevaron al despacho Noriega y Escobedo, uno de los más prestigiados del país. El hijo del licenciado Manuel Escobedo (Miguel), fue su compañero en la Facultad; abogado muy exitoso y amigo de ella hasta su muerte, ocurrida en el año 2018. En ambos sitios afirma haber adquirido una experiencia invaluable. Un hecho reafirmó sus valores y le mostró lo descarnada y corrupta que podía ser el ejercicio de la justicia en México.

> El licenciado Escobedo era un hombre de principios sólidos, con una honestidad inquebrantable. Un día, la Suprema Corte me

asignó un caso que involucraba una fundación con una disputa prolongada entre los directores de la fundación y la familia. Habían pasado más de veinte años desde que se inició el caso, y yo estaba inmersa en la revisión de montones de documentos. Fue entonces cuando ocurrió algo inesperado.

Tocaron la puerta de la oficina, algo que rara vez sucedía, y se presentó un hombre de unos cincuenta y cinco años, el abogado de la Fundación. Aunque pensé que no necesitaba más información, le ofrecí conversar un rato. Sin embargo, cuando me disponía a despedirlo, noté que se dirigió hacia mi escritorio en lugar de salir de la oficina. Unos días después, encontré un sobre con mi nombre en mi cajón, y dentro había cinco mil pesos. Sorprendida y confundida, busqué consejo de mi compañero Miguel Escobedo. Juntos ideamos una solución: donar el dinero a la Nación Mexicana a través de la oficina de Hacienda. Así lo hice, entregando el recibo al abogado de la Fundación cuando se presentó nuevamente en mi oficina.

Este episodio me enseñó la importancia de **mantenerme firme en mis principios y actuar con integridad**, incluso en situaciones difíciles. Aunque fue un desafío, estoy orgullosa de haber tomado la decisión correcta y haber actuado de manera ética.

La profesora Rubio Goldsmith concluyó su trayectoria formativa en la UNAM en el año de 1961. Escribió una tesis sobre un brillante abogado contemporáneo, profesor y escritor, decano de la Facultad de Derecho en Harvard, entre 1916 y 1936: Roscoe Pound. En los meses en los que investigaba, regresa a Douglas a pasar un tiempo con su familia, al tiempo que visita la biblioteca de la Universidad de Arizona, en Tucson, buscando fortalecer su trabajo. En ese periodo, trabaja un tiempo en un juzgado de la ciudad y conoce al hombre con el que se casaría. Lo relata con especial asombro.

Cuando llegué a Douglas, mi antigua maestra, Gladys Woods, se enteró de lo que estaba haciendo y sugirió al señor del periódico local que escribieran una historia sobre mí. Así que me entrevistaron y decidieron publicar un artículo. Durante la entrevista, mencionaron a un joven que había empezado a trabajar en la ciudad recientemente, cuyo nombre es: Barclay Goldsmith. Algunas personas pensaron que nos gustaría conocernos. Así que intercambiamos números y decidimos encontrarnos. Lo más curioso de todo esto es que, cuando estaba en la preparatoria en el Distrito Federal, a veces nos enviaban de regreso a casa porque «el día había muerto», es decir, no había clases por algún motivo. Eso lo aprovechábamos para diferentes actividades.

Un día decidimos ir a Tepito, un mercado local, a explorar. Mientras estábamos allí, una anciana nos ofreció leer nuestras manos. A mí me dijo que cruzaría el mar varias veces, que me casaría con un hombre que conocía en casa, y que tendría ojos azules. Me reí de la idea, pensando que nunca sucedería.

Sin embargo, terminé casándome con un hombre que conocí en casa en Douglas, ¡y tenía ojos azules! Fue una coincidencia extraña, pero eso es exactamente lo que sucedió. Lo puedo decir seis décadas después: Barclay fue un hombre que, en sesenta y tres años de matrimonio, siempre me apoyó en mi búsqueda de ser buena maestra.

La docencia universitaria. El camino no pensado

Cincuenta años de docencia universitaria, y su trayectoria fue distinta a la de las historias narradas en esta obra. La profesora Raquel se casó y siguió a su marido por campiñas y mares. De un paralelo y un meridiano a otro. Radicó un tiempo en Mérida, México, otro tanto en Buenos Aires, Argentina, y un tiempo más en Pittsburg, Pensilvania. En esos primeros años de vida matrimonial se dedicó a cuidar a sus hijos pequeños y a estudiar, sin un trabajo formal. En su imaginario no estaba la docencia, aunque sí la idea de ser productiva en el ámbito laboral. Se encontró con las herramientas propias de la docencia casi al doblar una esquina en Mérida, y es ahí donde podemos encontrar la raíz de lo que años después produciría la trayectoria de la profesora Rubio Goldsmith.

No trabajé formalmente porque tenía a mis hijos, estaban aún muy pequeños. Sin embargo, sí tuve una experiencia en la Universidad de Yucatán, en Mérida. Recibí la oportunidad de dar un seminario sobre Amparo, gracias a una carta de Luis Recaséns Siches, a un amigo en la Facultad de Derecho. A pesar de que las huelgas obstaculizaron el desarrollo del seminario durante dos meses, finalmente logré dar la clase. Aunque difícil, fue una experiencia enriquecedora. Este empleo fue importante porque, de alguna manera, me mantuvo en contacto con el mundo académico mientras cuidaba de mis hijos.

Nunca había considerado ser maestra, pero esa oportunidad cambió mi perspectiva. Además, mis estudios en filosofía en la UNAM, especialmente las clases con José Gaos y otros profesores magníficos, me prepararon para esta experiencia.

Su actividad laboral en Pittsburg fue determinante para la definición de su modo de vivir la docencia universitaria años después. El periplo por distintas latitudes del mundo que era propio del trabajo de su esposo, al ser integrante del Servicio Exterior de los Estados Unidos, finalizó con la guerra de Vietnam. El hombre, en completo desacuerdo con la política exterior del gobierno, decidió buscar fortuna en las bellas artes (el teatro, para ser preciso), y ella buscó trabajo para colaborar con la economía familiar. Lo consiguió en un programa contra la pobreza encabezada por la iglesia católica, no sin enfrentarse a la discriminación por ser mujer y extranjera, no en el sentido legal, porque era nacida en Estados Unidos, sino porque no era de descendientes anglos. Pero esa molestia fue poca. El verdadero sinsabor se le vino a las entrañas por saber y sentir a una comunidad que vivía en la pobreza.

La discriminación que presencié, especialmente hacia los afroamericanos en la época del asesinato de Martin Luther King, fue impactante. Sin embargo, también la había experimentado con los indígenas mayas en Yucatán, lo que me mostró la dura realidad de la desigualdad en diversas comunidades.

Vivir y trabajar en una comunidad marcada por la división racial y la desigualdad económica fue una experiencia dolorosa. La escuela secundaria, que debería ser un lugar de aprendizaje y crecimiento, se asemejaba más a una prisión fortificada del siglo XIX. Con su imponente edificio rodeado de barras y picos, vigilado por policías debido a los constantes enfrentamientos entre estudiantes, reflejaba la tensión y el descontento que se respiraba en el ambiente. Ubicada junto al río Monongahela, en un cañón rodeado de casas de trabajadores, la comunidad enfrentaba desafíos monumentales. El cierre de los talleres de acero había dejado a muchos desempleados, aumentando la tasa de alcoholismo y generando un clima de resentimiento hacia los negros, quienes sufrían una discriminación palpable.

Mi papel como directora de un programa comunitario me expuso a la dura realidad de la discriminación y la desigualdad. En este entorno desafiante, contaba con la ayuda invaluable de una monja del convento local, que se desempeñaba como mi asistente. Su dedicación y liderazgo en el programa de educación después de clases fueron fundamentales para su éxito. Juntas, luchamos por construir puentes entre comunidades y promover la igualdad de oportunidades para todos, independientemente de su origen racial o económico.

En la humanidad de Raquel Rubio había ya muchos arroyos cuyas aguas se dirigían al mismo río. Nacer en un país con una madre mexicana y un padre de otra nacionalidad; enfrentarse a la discriminación desde la escuela primaria, en una ciudad de frontera; saber de la injusticia porque su padre la rumiaba todos los días y porque veía a las madres religiosas luchar cuesta arriba.

En su etapa de estudiante universitaria, hervía una efervescencia mundial por los valores de la libertad, la justicia. Los brotes revolucionarios en diversas latitudes, emanados de la Segunda Guerra Mundial situaban al mundo en dos polos: el capitalismo vs el socialismo. Todos los matices entre uno y otro cabían. La UNAM, a finales de los cincuenta y en la década de los sesenta, revindicó muchos de esos movimientos, y esa dimensión sociocomunitaria de la universidad, también impactó los ideales de la profesora Raquel. Frida Khalo y Diego Rivera, dos de esos artistas que los cuales emanan tantas ficciones, están en su anecdotario.

La UNAM fue mi ventana a nuevos horizontes, un lugar donde descubrí realidades que nunca había imaginado. Recuerdo claramente una experiencia transformadora en el cine club de la universidad, donde vi la película *The Salt of the Earth* («La sal de la tierra»), que relataba la lucha de los mineros y sus sindicatos. Esta película me impactó profundamente, ya que reflejaba las experiencias vividas por mí y por quienes me rodeaban en aquellos tiempos turbulentos. A través de las discusiones en asociaciones estudiantiles y en clases de la Facultad de Filosofía y Letras, explorábamos temas como el cambio social y la revolución.

Nos preguntábamos cómo podríamos lograr cambios sin recurrir a la violencia, **buscando siempre maneras pacíficas de promover la justicia social.** De esos tiempos recuerdo vívidamente mi primera experiencia política. Viajaba en un camión urbano cuando vi una multitud frente a la embajada americana. Decidí bajarme para unirme a la protesta, y allí, en medio del bullicio, vi por primera vez a Diego Rivera y Frida Kahlo. Más tarde, tuve el privilegio de conocer a Frida Kahlo en persona. Resultó que era amiga cercana de mi tía, y un sábado por la tarde, me llevó a su casa en Coyoacán.

Aquel encuentro en su hogar, mientras compartíamos té, dejó una huella imborrable en mí. A pesar de su precario estado de salud, Frida irradiaba una fuerza y una pasión que me dejaron admirada.

La esencia de la docencia en Raquel Rubio. El Pima Community College

Hasta llegar a constituirse como profesora universitaria en el Pima Community College, Raquel Rubio no dejó cabos sueltos. Su práctica docente, más bien la vivencia en su actividad de profesora universitaria, se nutre de acontecimientos con significado. Tucson, Arizona y el Pima Community College fueron el aterrizaje ideal. Cierto que hubo de pasar una serie de vicisitudes originadas por sus estudios de leyes, filosofía e historia en México, pero finalmente encontró un cuaderno en blanco. Habría muchas cosas por escribir. Nuevamente la historiadora y analítica de las condiciones del mundo, explica el momento de su romance inicial con tal escuela.

Fue una oportunidad única que se presentó en un momento crucial de la historia. Nos encontrábamos en 1969, en pleno auge de las protestas contra la guerra de Vietnam y de la lucha por cambios radicales en la educación universitaria, en busca de igualdad para todos los estudiantes. Además, se estaban intensificando los esfuerzos por los derechos civiles, liderados tanto por la comunidad afroamericana como por la comunidad mexicano-americana, también conocida como chicana. En ese contexto de efervescencia social, surgió la necesidad de establecer una institución que respondiera a las demandas de los estudiantes y los pedagogos, así como a la lucha por los derechos civiles.

Una de las principales demandas de las comunidades afroamericana y chicana era el acceso a una educación universitaria que reflejara sus necesidades y aspiraciones en busca de la liberación. El *college*, que se había fundado por esos años, estaba plenamente consciente de esta necesidad y se comprometió a establecer un currículum que abordara estas nuevas demandas. Se buscaba desarrollar el potencial personal de los estudiantes, promover una administración democrática e inclusiva, fomentar la educación intercultural y responder a las necesidades de la comunidad.

La profesora Raquel estaba en su elemento. La injusticia mezclada con la etnicidad generaba la sustancia necesaria para que ella, desde su formación académica y su historia de vida, pudiese, en colaboración con otros colegas, poner las bases de lo que sería una experiencia que tendría repercusión nacional. Más allá de eso, trabajar en el diseño curricular sobre y para los grupos étnicos, se convertiría en uno de sus objetos de estudio de su carrera como profesora investigadora.

Yo estaba convencida de que solo a través de la educación podríamos lograr un cambio radical en la sociedad hacia la igualdad. En 1969, los cursos étnicos eran prácticamente inexistentes en Arizona, a diferencia de algunas universidades en California que habían enfrentado luchas estudiantiles por su implementación. Nosotros tuvimos que empezar desde cero, trabajando con representantes de las comunidades étnicas para diseñar un currículum inclusivo.

Fue un esfuerzo monumental, especialmente considerando la desconfianza y la segregación que predominaban en Tucson en ese entonces. La ciudad era muy provincial, con círculos de poder bien definidos y una fuerte segregación racial y social. Pero el Pima Community College tenía la apertura, y estábamos decididos a aprovecharla.

Fundado en 1969, con una vocación democrática y con un enfoque hacia la educación participativa, el College consiguió recursos para contratar cuarenta profesores cuyas tareas serían formular un currículum que permitiera ofrecer programas a la comunidad que no tenía acceso a las grandes universidades norteamericanas. La profesora Rubio fue contratada para trabajar el área de historia. Junto a un equipo de trabajo, el diseño de los cursos se orientó a temas relacionados con la comunidad mexicano-americana, la sociedad, la política, la cultura y la historia. La innovación metodológica a la que se enfrentó en su primera experiencia como profesora universitaria, fue tan intensa que pronto se desprendió de los estilos de docencia que había vivido como estudiante, particularmente en la UNAM.

A pesar de diversos contratiempos, el entusiasmo y el compromiso del equipo eran evidentes. Trabajamos arduamente durante meses, sacrificando fines de semana y noches, porque éramos un ejemplo para otros colegios que estaban implementando iniciativas similares en todo el país.

Estaba comprometida con la idea de que la educación podía ser un instrumento poderoso para el cambio social y estaba decidida a hacer mi parte para cristalizarlo en la realidad.

Todo esto fue una experiencia que transformó mi visión sobre la educación. Había pasado por la UNAM, donde la dinámica entre maestros y alumnos era como de la Edad Media, con el maestro en una torre y el alumno abajo. Pero aquí, en este nuevo contexto, la dinámica era completamente diferente. Maestros y alumnos aprendíamos juntos, trabajábamos codo a codo como compañeros. A los treinta y tantos años, experiencias de ese nivel, refuerzan tu ideal de la educación, sí o sí.

Estar en un entorno de innovación, teniendo este un fuerte componente social y político, te enfrenta a desafíos. Raquel Rubio Goldsmith los tuvo en los treinta años en los que trabajó para el Pima Community College. Los desafíos se acentuaron cuando incorporó a su vida académica el tema de la mujer, con la desigualdad y la injusticia como apellidos. Los retos iniciaron con la ruptura hacia los estilos tradicionales de hacer docencia. De la verticalidad intentó pasar a la horizontalidad, hacerlo sin imposiciones jerárquicas y abrazados a la inclusividad.

Otra tarea fue la validación del currículum sobre historia por parte del Departamento de Historia. Convencer a colegas sobre un cuerpo de conocimiento donde les daba cartilla de identidad a los yaquis, tohono o'odham, u otros grupos indígenas que vivían en la frontera entre México y Estados Unidos, no fue fácil. Raquel recuerda uno con especial claridad.

He enfrentado muchos desafíos en mi camino, pero déjame contarte en particular. Mi trabajo con migrantes me ha brindado una perspectiva única. Durante la guerra en El Salvador, participé activamente en nuestro grupo comunitario ayudando a solicitar asilo para salvadoreños y guatemaltecos que llegaban a buscar refugio. Sus historias eran desgarradoras, y fue inconcebible ver cómo eran tratadas estas personas. Estas experiencias me hicieron reflexionar sobre las luchas académicas en las que me involucraba. Sí, la búsqueda de la verdad es importante, pero también debemos tener en cuenta otras realidades y perspectivas.

En la biografía de la profesora Raquel habría que consignar algunos proyectos que la convirtieron en una maestra más allá de las aulas. Para honrar la educación inclusiva y democrática, alentadora de la justicia social, de manera natural debía saber que se educa más allá de la universidad, pero teniendo a ésta como eje desde la cual moverse. Ella describe algunos de esos proyectos que, al tiempo, la siguen emocionando.

Lo que hacíamos por la educación de los desfavorecidos no cabía en los salones de clases. Yo tenía un afán de búsqueda y hacer más cosas y en ello comprometía mi conocimiento y mi tiempo. Es así que implementamos algunos programas innovadores, como el curso de Historia de México transmitido por radio comercial, y el programa Resolana, que promovía la cultura mexicana y chicana. A medida que interactuaba con diferentes profesores y estudiantes en la universidad, me involucré más en grupos estudiantiles y comités académicos.

En 1975 o 1976, conocí a Celestino [Fernández, en cuya casa, como lo comentaba anteriormente, conocí a Raquel] a través de estos grupos, y su entusiasmo por la educación en Pima College me cautivó. Juntos organizamos conferencias y cursos interdisciplinarios que abordaban temas importantes para nuestras comunidades. Años después vinieron otros proyectos. Por ejemplo, en el 2003 decidí centrar mi investigación en las relaciones de poder entre las mujeres migrantes y las autoridades. Este trabajo me llevó a fundar el Instituto Binacional de Migración, con el apoyo financiero de mi amigo Miguel Escobedo, el abogado egresado de la UNAM. A través del Instituto, comenzamos a abordar temas de gran importancia, como el impacto de las leyes migratorias en las comunidades fronterizas. Realizamos estudios empíricos para demostrar la gravedad de la situación, y gracias al arduo trabajo de mis alumnos y colegas, logramos obtener importantes subvenciones.

Adiós al Pima Community College. El nuevo horizonte en la Universidad de Arizona

Hay desafíos que se ganan, por las convicciones y por los momentos en los que se presentan; otros, por el contrario, emergen en momentos inadecuados y no logran alcanzar la meta. Raquel Rubio pensaba que nunca saldría del Pima, pero la vida y las circunstancias le mostraron otro rostro. El romance terminó cuando los instrumentos de comunicación dejaron de cumplir su función. La intención de crear un programa formal de estudios indígenas en 1992, la metió en una disputa teórica y epistemológica que duró cinco años, *enfrentando una feroz oposición*. Ella reafirmaba sus ideales de educación como medio para paliar la desigualdad social, y esa resonancia, expresada cada vez con mayor intención y profundidad, ya no cabía en ese colegio.

> Cuando se me cerraron puertas en Pima College y me sentí desanimada, encontré un nuevo propósito al conocer a Edward Spicer, un antropólogo famoso que trabajó en la Universidad de Arizona. Me uní a un seminario sobre cultura náhuatl y, gracias a su estímulo, decidí estudiar la historia de la mujer de ascendencia mexicana en Estados Unidos. Recibí una beca para investigar este tema y pasé un verano en San Diego y en University of California Los Angeles (UCLA), buscando información en bibliotecas y archivos. Fue un período frustrante, pero también revelador. **Me di cuenta de que no encontraría lo que buscaba si no aprendía a escuchar más atentamente**. Con este nuevo enfoque, realicé entrevistas a mujeres refugiadas en Douglas como resultado de la Revolución Mexicana. A pesar de no encontrar evidencia directa del Partido Liberal Mexicano, descubrí cómo la religión había sido clave para su supervivencia y resistencia. Este descubrimiento me llevó a comprender la importancia de la historia oral y a presentar mi trabajo en la Asociación Nacional de Estudios de la Mujer.

La oralidad y las historias de vida en mujeres que viven en situación de precariedad, se constituyeron en su mayor quehacer en la parte adulta de su trayectoria profesional. En su trabajo en la Universidad de Arizona (nunca como tiempo completo), su actividad en el Centro de Estudios México-americanos le permitía mantener, por un lado, la docencia a nivel de posgrado y, por otra, la investigación en el tema de la mujer migrante. De manera paralela, su activismo social adquiría nuevas dimensiones.

> Aquella primera presentación sobre historia oral fue el punto de partida de mi inmersión en el estudio de la historia de la mujer. Aunque al principio parecía similar al campo de estudios México-americanos, pronto me di cuenta de que había nuevas puertas

epistemológicas que explorar, especialmente en un contexto de creciente atención internacional al feminismo y las teorías feministas emergentes. Fue Celestino Fernández quien me recomendó al Centro de Estudios México-americanos en 1983, cuando comenzaron a buscar clases sobre el tema.

Me solicitaron impartir un curso sobre la historia de la mujer mexicana y mexico-americana, y decidí organizarlo siguiendo el enfoque sociológico propuesto por Juliet Mitchell. Este enfoque me permitió explorar cómo la mujer era definida por la ley, las costumbres y las estructuras sociales, pero también cómo se percibía a sí misma dentro de estas dinámicas. ¿Cuál era su papel en la reproducción y la producción? ¿Cómo se remuneraba su trabajo doméstico, que durante tanto tiempo se había ignorado? Estas preguntas, antes pasadas por alto, se volvieron el foco central de mi investigación.

Las rupturas juegan un papel notorio y notable en la vida académica de la profesora Raquel Rubio Goldsmith. Su liderazgo no alcanza los niveles notables de los que abandonan una vida para crear otra, dando ejemplo, sin hablar de ello. Ella se queda en su propia vida, con un marido a un lado, procurando la crianza de sus hijos, arraigada en una ciudad, siendo parte de una sociedad desigual, metida en una vorágine de contradicciones.

Lo que sí busca hacer, desde la docencia, la investigación y el activismo social, es estudiar más y con mayor profundidad los temas que le quitan el sueño (los grupos indígenas violentados; la mujer migrante, la migración en general, la historia de México y los Estados Unidos); pretende involucrar a sus estudiantes universitarios en las lecturas de las teorías y después contrastarlas con la realidad; hacerse acompañar por ellos en los campamentos de migrantes, en los centros de detención, meterles por la piel la idea de la educación como instrumento para la justicia; crear, con colegas que comparten sus formas de pensar, medios, programas y proyectos para mejorar las condiciones de vida de los desamparados.

Raquel educó desde el testimonio, con un nivel de racionalidad y de activismo, que llama mucho la atención. No lo dice, está lejos de sentirse un ejemplo, pero sí expresa su satisfacción sentada cómodamente en un sillón de la sala, en su casa en Tucson, en una tarde fresca del invierno tardío en el desierto.

Notas desde la bitácora personal

Raquel Rubio Goldsmith está más allá de ser nombrada buena profesora, la mejor profesora, excelente profesora, educadora. Su práctica y sus modos están en el polo opuesto del vocinglero. Los reconocimientos no le vienen de una institución, le vienen de sus creencias, es decir, mucho más de lo que ha hecho que de lo que ha dicho. Coherencia y compromiso, claridad en el saber y en las limitaciones de éste, y en la responsabilidad que impele una profesión. Va más allá de los tres conceptos planteados por Chaverra y Gaviria y otros (2023): autonomía, el sentido de colaboración, la autoconfianza —pues tanto el testimonio, como la responsabilidad, incluso el hacer de la promesa— y la esperanza una pedagogía (Mínguez, Romero, Linares, 2023), se aprecian claramente en su recorrido de cincuenta años por la educación universitaria.

Caballero y Bolívar (2015) sostienen que:

> «La realidad social, política y económica en la que se desarrolla la función del profesorado universitario, junto a las propias "culturas" universitarias en cada contexto, van a determinar en gran medida las creencias que el profesorado desarrolle sobre su profesión y la construcción de una identidad académica dentro de la misma (…) Así, la construcción de la identidad profesional del docente universitario tiene lugar en un contexto marcado por relaciones de poder, donde las comunidades disciplinares se encargan de generar nuevas identidades de legitimación, a través de las que pueden extender y racionalizar su dominación» (pp. 2- 3).

Tal es cierto, incluyendo el que las identidades del profesor universitario se fraguan sobre cuatro ejes: el que emana de la profesión de origen; las personales, que surgen de la constitución de cada profesor, de sus estados de salud físico y mental; las contextuales personales, que incluyen a la familia y al entorno del sujeto; y las sociales amplias. Las cuatro están, pero en ellas se presentan rupturas, regresiones, discontinuidades. Cada trayectoria del profesor o profesora universitaria, se ve impactada de una u otro manera, por estos ámbitos. Sin embargo, la ruptura fuerte la establece el sujeto mismo. No hay una trayectoria como la de Raquel Rubio Goldsmith. Ahí radica la originalidad y la importancia de leerla, interpretarla y debatirla, si fuese el caso.

Sus ideas son propias, pero no exclusivas u originales; las aprendió con las lecturas y en las vivencias. A lo largo de los años sus manos de orfebre fueron dándole forma a un objeto compuesto de abalorios, entre los que destacan ideas como las que siguen.

Siempre me he considerado una persona que busca utilizar su conocimiento de manera positiva, ya sea ayudando a estudiantes a mejorar su trabajo, consiguiendo becas para ellos o contribuyendo de alguna manera a la comunidad. Para mí, el conocimiento no es algo que deba guardarse egoístamente, sino algo que debe compartirse en beneficio de todos.

Y luego, el abalorio del trabajo comunitario está presente en sus creencias. Le vino la silueta desde la infancia tocada por la discriminación, y la vivió con una fuerza inusitada con los migrantes que llegaban a Estados Unidos.

En mi trabajo comunitario con los derechos de los migrantes, **siempre he abogado por una educación comunitaria**. ¿Qué puedo aprender de la comunidad y qué puedo ofrecerles a partir de lo que he estudiado? Lo veo como un intercambio recíproco, donde ambas partes se benefician mutuamente. A través de estos desafíos y descubrimientos, aprendí la importancia de la persistencia y la apertura a nuevas perspectivas.

Y el trabajo comunitario debe reflejarse en una actividad compartida con el gremio de los profesores; trabajar desde el colectivo, aunque las instituciones de educación superior sean un obstáculo, en vez de un alentador.

Todos los esfuerzos tienen base en lo que aprendo de otros, ya sean grupos de comunidad, colegas, y/o estudiantes. Nunca trabajo sola sino en colaboración con otros y otras. Francamente en el mundo académico ha sido un tanto difícil por las jerarquías en la producción del saber, pero me parece que vale la pena porque la colaboración de los sectores académicos y comunidad es elemental.

Y el punto final de su testimonio —pensado y escrito—, la lleva a la existencia misma. La expresión funge como una valoración de vida, si ha valido la pena o los sinsabores ganaron y queda la amargura. Con la profesora Raquel eso no prevalece. El valor de la educación permanece incólume.

A pesar de todo, me considero una persona feliz. **Hice lo mejor que pude con mi vida y sigo creyendo en la importancia de la educación**. Creo que todavía tenemos mucho que aprender sobre lo que constituye una buena educación y cómo mejorarla. A menudo nos aferramos a las formas tradicionales de enseñar, pero creo que es importante estar abiertos a nuevas ideas y enfoques.

Me mantengo en esta creencia: **la educación es la clave para el progreso**, pero tenemos que estar dispuestos a adaptarnos y evolucionar. Es un desafío, pero creo que es uno que vale la pena enfrentar.

Tan curiosa y original es la vida; tan preciso como decir que lo revelador está en las microhistorias, en ese espacio donde acontece todo. Una pandemia insólita, que sacudió a la humanidad en el año 2020, obligó a la profesora Raquel Rubio Goldsmith a guardar para siempre su programa de curso, lo mismo que el plumón con el que hacía trazos en la pizarra. Guardó el plumón, pero sus relaciones, su pensamiento y su sentido de ser profesora, permanecen. Quién lo diría.

El primer abalorio de JOSÉ A. MORENO MENA

El barrio precario como epicentro de poder en su infancia

*P*ronto nos comenzamos a adoptar a nuestros nuevos vecinos en la «baja» como le decían a la Colonia Baja California. Mis hermanos y yo hicimos nuevos amigos en la cuadra. Jugábamos a las canicas, al trompo, al changay, a las escondidas, al tacón, a la rayuela, a las pistolas de triquis. Las niñas jugaban al pin yaks o matatena, el bebeleche, salto de la cuerda, las muñequitas y las comiditas. Todo el día había ruido en la cuadra. Sonidos que contaban historias. Todas las colonias tienen sus sonidos característicos que aprende uno a escucharlos y descifrarlos. Por las mañanas nos despertábamos con la llegada del lechero, que llevaba a domicilio la leche en botes o cantaras de lámina galvanizada y en el mejor de los casos, en cajas de metal con recipientes de vidrio llenos. Por lo regular cabían cuatro envases de vidrio. La gente salía a llenar su olla o intercambiar su botella de un litro vacía, por una llena. Las marcas que más recuerdo eran leche Ideal, la Roa y la Esmeralda (Moreno, 2024).

Y respecto a la escuela primaria, creo que mi mayor influencia en la lectura fue mi hermano mayor. Él devoraba cualquier obra literaria que podía. En mi casa había bastantes libros, unos regalados por la directora Enriqueta, otros tantos que llevaba mi hermano, en especial de autores latinoamericanos. En esa época leí Ojos de perro azul, de García Marquez, lo mismo que Las aventuras de Tom Sawyer, de Mark Twain. No faltaba la literatura popular de los comics, y las novelas de Vargas Dulché.

4

La moral del recuerdo en el profesor: José A. Moreno Mena

Para ciertos profesores que llegaron al final de su ejercicio profesional,
un salón de clases pudo constituirse en un lienzo
o cuyos trazos resumen la moral a la que se abrazaron.

AGR

Entrevisto al profesor José Moreno Mena. Tengo mucho interés en hacer descorrer las ventanas de su trayectoria, aun sabiendo que evocar puede tener más conexión con las emociones que con la racionalidad, y que ésta puede llevarnos al mito. También se corre el riesgo de tocar el testimonio solo en la superficie, porque a veces queremos olvidar para ocultar los daños de la moral. Pronto me doy cuenta de que, con ese académico, eso no va a ocurrir. El hombre ronda los sesenta y tres años, dos de jubilado de los quehaceres universitarios, pero no del trabajo con los desprotegidos y vulnerables por el que él optó, desde que se encontró en su camino de investigador un objeto de estudio que no deja de doler: los migrantes mexicanos y latinoamericanos que dibujan nuevas geografías con sus pasos en la frontera norte de México.

Abro la entrevista de una manera poco ortodoxa: ¿Cómo defines a un buen profesor universitario? Su primera respuesta es contundente, alejada del clásico enfoque pedagógico: el que enseña bien, el que sabe mucho y sabe cómo enseñarlo, el que no deja una clase tirada, el que prepara muy bien sus clases. Su respuesta va por otro paraje, mucho menos conocido.

¿Un buen profesor universitario?

«Soy de los que creen que es un ser social que debe tener por delante el compromiso con los desamparados». Mira, «**no** *hacer, ocultarse o pretender olvidar, es hacer el juego a la complicidad».* Escucho eso y me digo: Esta entrevista promete.

Enseguida pongo un ojo en el cuestionario y pienso: ¿me irá a ser de utilidad con este hombre singular? Dudo por un momento y tomo una decisión: cierro la carpeta y me dejo llevar por mis intuiciones.

La moral del recuerdo

El filo de la trayectoria de Moreno Mena, que describiré más adelante, me acerca a una discusión en torno al profesorado universitario que parece zanjada: el buen profesor enseña (o facilita el aprendizaje, dicen hoy) conocimientos de una ciencia y, junto con ello, expresa una visión del mundo y una explicación de lo que acontece. El que enseña a un grupo de estudiantes de medicina el genoma humano, no se limita al ADN, los cromosomas, la genética. Habrá un momento del encuentro (pues una clase no es dictar una conferencia), donde la cotidiana interacción lleve al profesor a descubrirse ante los que dejaron de ser extraños para ser parte de su vida. Lo mismo ocurre con el que enseña matemáticas, mercadotecnia o la materia de moda: desarrollo emprendedor.

Considerar a la realidad como un elemento pedagógico entre profesorado y estudiantado, requiere de matices, también de tener mucho cuidado con la intensidad de luces que se emite. Meseguer (2016) alerta sobre esto: la realidad concreta del observador —su vivencia personal impactada por el mundo que habita— no cambia la verdad de las cosas, pero sí tiñe de tonalidad propia la forma en la que es percibida.

Cuando el profesor se apropia de la realidad, lo hace de una percepción que está condicionada por su biografía (trayectoria y experiencia de vida). Ligado con ello, cabe hacerse esta pregunta: ¿por qué, siendo profesores de un mismo contexto, con trayectorias de tiempo similares, vemos, juzgamos y actuamos ante la realidad de manera distinta? El propio Meseguer (2016) señala que hay una manera personal de juzgar la realidad la cual obedece a: la personalidad. la evolución intelectual y las experiencias personales.

El olvido y la complicidad pueden estar en las antípodas del buen profesorado, al menos es lo que Moreno Mena sostiene con su primera aseveración. Con su expresión, pretende poner en la línea de la reflexión cómo el silencio y la pasividad ante el conflicto, el atropello y las atrocidades sociales, pueden generar una complicidad que nos aleja de contribuir al sentido de la responsabilidad social que subyace en el perfil ideal del profesorado.

—*Me haces recordar la historia de Elie Wiesel, el escritor rumano que sobrevivió al holocausto*, le digo.

«*No lo conozco*», me contesta».

Yo le cuento un trozo de esa historia.

Wiesel escritor nacido en Rumanía, de raíces judías y nacionalizado norteamericano en su vida adulta, fue uno de los sobrevivientes del holocausto. En el año de 1986 recibió el Premio Nobel de la Paz —no el de literatura—, por su activismo en contra de los horrores de la Segunda Guerra Mundial. Una de las frases cumbres de su discurso explica por sí misma ese galardón:

> Y ahora ese chico me mira a mí. 'Dime', pregunta, '¿qué has hecho con mi futuro?, ¿qué has hecho con tu vida? Y yo le digo que lo he intentado. Que he intentado mantener la memoria viva, que he intentado luchar contra aquellos que olvidan. Porque si olvidamos, somos culpables, somos cómplices» (*El País*, 2 julio 2026).

Su vida posterior a ese trágico episodio de la historia estuvo consagrada a denunciar para no olvidar. Juan Villoro (2023) en *La figura del mundo*, recupera un pasaje de alto significado en la vida de Wiesel. Describe que de adulto fue al pueblo donde había nacido, Sighetu Marmatiei, al norte de Rumanía. Encontró los objetos del entorno casi intactos, solo faltaba la gente, su familia, los judíos. Entonces le viene el recuerdo de la última noche que pasó con su familia, antes de que los alemanes se la llevaran a los campos de concentración. Su padre les dijo que ocultaran algún objeto que les permitiera salvarse del exterminio, si es que alguno quedaba vivo.

Sus progenitores perecieron, pero sus dos hermanas mayores y él sobrevivieron. Wiesel enterró, al pie de un árbol, un reloj de oro que pertenecía a sus antepasados. No le fue difícil encontrar el árbol, tampoco excavar hasta encontrar el objeto. Era ese mismo, lleno de tierra, pero intacto. Sus padres ya no estaban, el reloj sí. Por esas cosas inexplicables, después de contemplarlo, llevárselo al pecho y besarlo, volvió a enterrarlo, y luego partió del pueblo. Villoro (2023, p. 78) al relatar el episodio, se pregunta: «¿Qué revela ese gesto en alguien consagrado a la moral del recuerdo?».

Un barrio de desertores

Concluyo el relato y entro a las capas de la trayectoria biográfica de Moreno Mena, llevando el repiqueteo de la frase utilizada por Villoro: *la moral del recuerdo*. Su compromiso social se podría entender por las raíces de las que emana. Nace a principios de la década de los sesenta del siglo pasado, en un pueblito de Nayarit llamado Tecuala, pero su vida transcurre en algunos barrios populares de Mexicali, Baja California, México, donde la pobreza vagaba por las calles sin asfaltar. Una ciudad que en esos años apenas llegaba a los trescientos mil habitantes. La droga que maniataba a los adolescentes estaba en cada esquina donde el farol de luz no encendía.

Un par de cosas permitieron que José sintiera la vulnerabilidad, sin que lo dañara estructuralmente: una madre que supo serlo, trabajadora y formadora, siempre presente en todas las actividades de su vida; un padre que salía constantemente a trabajar al otro lado de la frontera mexicana y, posteriormente, realizar trabajos de albañilería en la ciudad. Podría haber un tercer elemento: la cultura de las calles de los barrios citadinos, donde los límites entre lo rural y lo urbano están siempre desdibujados.

Un lugar particular en los rasgos de identidad es la escuela. Una primaria con paredes sucias y una cerca en mal estado (a cambio de ello, un patio amplio para correr en el recreo y un par de maestras que le enseñaron los ríos y los mares, y la poesía de Amado Nervo). Sobresale en el recuerdo la directora Enriqueta, una persona con una máscara dura ante sus profesores, pero bondadosa y comprensiva con sus alumnos. Tenía sus deslices con la alteridad, pues más de alguna vez le obsequió libros y ropa a Moreno Mena. Conforme avanzaba en grados académicos, más le gustaba el estudio y más sensible se volvía a la realidad que lo circundaba, porque mejor la entendía.

> Creo que mi mayor influencia en la lectura fue mi hermano mayor. Él devoraba cualquier obra literaria que podía. En mi casa había bastantes libros, unos regalados por la directora Enriqueta, otros tantos que llevaba mi hermano, en especial de autores latinoamericanos. En esa época leí *Ojos de perro azul*, de García Marquez, lo mismo que *Las aventuras de Tom Sawyer*, de Mark Twain. No faltaba la literatura popular de los comics, y las novelas de Vargas Dulché.

Esa actitud creaba una hondonada entre él y sus compañeros de escuela, pues el no continuar los estudios de la primaria a la secundaria en las escuelas públicas, alcanzaba cifras alarmantes en las ciudades mexicanas.

> Muchos adolescentes no continuaban estudiando, incluso no pocos de ellos no terminaban la primaria. La escuela no tenía la importancia que tiene hoy, había mucha reprobación y mucha necesidad económica. Parecía que el mercado laboral les decía: con que sepas leer y escribir alcanza. No sé por qué, pero para mí no era suficiente. Y no es que mi madre me obligara a ir a la secundaria, a mí me gustaba, a pesar del espacio hostil en el que se localizaba en la colonia Aurora de Mexicali. Los adolescentes perdidos en las drogas y los ejemplos negativos cundían por todas partes.

La franja que lo separaba de los adolescentes del barrio creció cuando él decidió cruzar la ciudad, quince kilómetros al menos, para ir de su casa a la escuela preparatoria. Nadie del barrio tuvo ese interés, solo José Moreno. A más de uno quiso seducirlos con el conocimiento que se lee en los libros, pero nadie escuchó a esa suerte de novel quijote urbano. La comprensión de ese comportamiento hay que buscarlo en las biografías, en la arqueología personal, y no en la sociología. En las circunstancias históricas en las que despliegan la vida los sujetos, en ese carácter contextual que tiene todo ser humano (Ortega y Romero, 2019).

> Cuando leo lo que un niño o adolescente del campo debe caminar y el tiempo que tarda para llegar de su casa a la escuela rural, dos o más horas, me hace recordar lo que yo hacía. Tenía que cruzar

toda la ciudad viajando en dos camiones urbanos para estar en la prepa. Todos los días, de lunes a viernes. Debía levantarme a las cinco de la mañana para tomar la primera clase, siete de la mañana. Y muchas veces, cuando no tenía dinero para el pasaje, me las arreglaba para llegar, de raite. Sí, era mucho esfuerzo, pero lo compensaba porque en la escuela me sentía a todo dar. Aunque hiciéramos desmadre, que sí, eso formaba parte de la vida escolar.

En la vida de las personas siempre hay situaciones fortuitas, el azar forma parte de la historia. Un libro, un viaje, una maestra, una enfermedad, un encuentro inesperado. Con Moreno Mena estuvo presente en momentos decisivos, quizá el más decisivo para su ulterior trayectoria como profesor universitario fue el encontrarse con un docente muy peculiar el último semestre de sus estudios de bachillerato. Lo narra a su manera:

Julio lleva, o llevaba por nombre (espero no haya fallecido). Enseñaba Historia Universal. Poco agraciado en lo pedagógico, la verdad. Sus clases resultaban muy aburridas para la mayoría; a otros, los menos, no tanto, pues nos gustaba la historia. Su libro de cabecera: *De Espartaco al Che y de Nerón a Nixon*, de Carlos Juárez. Quería que nos lo aprendiéramos desde la página uno hasta la última. Él nos vio a esos pocos; nos hacía exponer temas del libro y nos observaba desde el fondo del salón, recargado en la pared, con un pie doblado y tocándose la barba; nos veía con atención y, en una de sus clases finales, nos dijo a esos cuatro, cinco: «*Ustedes se van conmigo a la escuela de Ciencias Sociales y Políticas de la UABC. Yo soy el subdirector y ustedes estudiarán una carrera en esa escuela*». Ninguno opuso resistencia, ¿lo puedes creer?

La resonancia de la Sociología

Moreno Mena estudió Sociología en la Universidad Autónoma de Baja California (UABC). Curiosamente, el trayecto de su casa a la escuela resultaba más corto que el que hacía para llegar a la preparatoria. En ella dejaba una parte compleja de su vida en la que las desveladas por las borracheras, incluso la ingesta de alguna droga en los campos deportivos de la escuela, lo pusieron más de una vez al borde del precipicio. Lo salvaba —lo evoca desde el presente—

el gusto por los libros y ese interés por explicarse la realidad y lo que después aprendió a definir como la lucha de clases (marxismo puro). La Universidad lo formó. Con sus claroscuros, con sus buenos y regulares maestros, con las buenas y las malas lecturas y, sobre todo, con una generación de compañeros con los que viajó por los confines del país y con los que buscó trabajar proyectos comunitarios tendientes a reducir las desigualdades sociales. *La moral del recuerdo*, para esas alturas, se alimentaba no solo de la pobreza que lo circundaba, sino de los teóricos sociales que leía. En el recuento de esa época, lo precisa con meridiana claridad.

> El haber vivido en los barrios marginales, pertenecer a una familia de migrantes, que incluso en la geografía de la ciudad fue de un sitio a otro, haber trabajado en los campos agrícolas del valle de Mexicali durante la secundaria, marcó mi vida y, a la distancia del tiempo puedo decirlo, el ejercicio de mi profesión.

Egresa de la licenciatura de Sociología a mediados de la década de los ochenta. En una mirada al pasado, Moreno Mena no encuentra ni a hermanos, ni a sus padres, ni tíos ni primos que hayan estudiado una carrera universitaria. Tampoco hay maestros en el baúl de la historia. Fue el primero de la familia en no detenerse en el bachillerato y escalar hasta los estudios universitarios.

Llega a la docencia por dos circunstancias: la primera es porque el perfil de egreso de una carrera como la sociología, ni antaño ni hoy es como la de los contadores o los abogados, profesiones más precisas, con un mercado laboral muy definido, en aquellas, las condiciones para encontrar un empleo representan una importante dificultad, todavía; el segundo es que la necesidad económica lo obligaba a trabajar, y el primer contrato que tuvo frente a él, fue el de un docente por horas o de tiempo parcial. Las alternativas eran escasas y se diluían con facilidad.

> Al momento de salir de la carrera, como todo profesionista que busca dónde ubicarse, encuentro la posibilidad de incursionar en la docencia. No había lugares para desarrollar la investigación, y lo primero que se nos aparecía era la actividad de profesor. Yo empecé con ello en una escuela técnica donde se preparaba a futuras secretarias y contadores privados. Cursos sencillos, nada del otro mundo, pero no eran cursos de sociología.

El profesor de discurso

Desde aquí aparece la primera pista para explicar esta trayectoria similar a otras, pero con un rasgo distintivo: Moreno Mena haría docencia de manera temporal hasta encontrar un espacio en la investigación. Esta oportunidad se le presentaría dos o tres años después, mientras tanto, este profesor, sin saberse estremecido por la vocación, entendió, dado su referente moral, que debía prepararse en la dimensión pedagógica, por honestidad.

Reconozco que ese primer contacto en los salones **impartía clases más por la necesidad de la chamba que por la vocación**. Sin embargo, fue un periodo de mucha formación porque yo no me preparé para ser docente, pero sabía que no podía hacer mal las cosas, que tenía que esforzarme. Empezaba a buscar elementos pedagógicos para poder impartir clases. En la escuela en la que laboraba, había algunos profesores especializados en docencia y ellos nos capacitaban. Y esa preparación la hacía, en mi caso, **por honestidad**, para no pararme frente a un grupo y leer en voz alta un libro, como lo había aprendido en mis años de estudiante universitario.

Las clases en una academia [que al tiempo se convirtió en una preparatoria abierta], fue un puente breve y sin riesgo que lo llevaría a las aulas universitarias. Casi a la par, se le presentó la oportunidad de trabajar en un centro de investigación. Titulado de la carrera mediante una tesis sobre jornaleros agrícolas migrantes y mercado laboral, anímicamente se sentía listo para impartir clases en la universidad. Del mismo modo, esa investigación lo acercó a lo que definiría su trayectoria profesional: el mundo de los migrantes. En su biografía cohabita el maestro de posgrado, el investigador y el infatigable luchador social.

Ingresé al Colegio de la Frontera Norte (COLEF), como asistente de investigación de una doctora chiapaneca, experta en el tema de los migrantes, que vino a hacer una estancia en el Colegio. Estuve un par de años como asistente y luego fui escalando. Fui investigador asociado. De ahí pegué el brinco a la UABC para dar clases, concretamente en la Escuela de Ciencias Humanas. Eso fue en 1987, 1988. Inicié de manera simultánea mi actividad como investigador y docente. Estando en la universidad, empecé a entrar a cursos de formación docente, y continué. Los cursos siempre ayudan, pero eso es gradual y se cruza también por la experiencia. Debo asumir, visto en perspectiva, que en mis inicios **fui un profesor de discurso**. Lo poco que sabía de sociología, más el nuevo conocimiento que adquiría en las investigaciones que realizaba, es lo que enseñaba en un salón de clases.

En su primera trayectoria, el Dr. Moreno Mena debe hacer malabares con tres asuntos con los que se enfrenta casi todo profesor veinteañero: la juventud, la inexperiencia pedagógica (nula formación docente), el saber superficial de una ciencia o campo de conocimiento. Conforme incrementa su presencia en las aulas universitarias, va transformando esas tres cartas en los principios de su identidad como profesor universitario.

¿Cuáles son esos hechos que van moldeando el desarrollo de su profesión? Primero: en la década inicial no se encuentra algo lo suficientemente atractivo que lo lleve a abandonar el vínculo docencia-investigación; segundo, el estudiar tanto una maestría como un doctorado va incrementando su saber; tercero, no deja de lado la dimensión pedagógica. Si bien no es lo más relevante de su ejercicio, sí está presente. En ello juega un papel importante la UABC, pues ofrece programas de formación continua o permanente.

Al paso de los años, este profesor se convierte en un docente que va enseñando desde el discurso, buscando integrar algunas novedades didácticas aprendidas en los programas de formación. Siendo maestro de tiempo completo, se vuelve selectivo y no se enfrenta a una muchedumbre de estudiantes que se pierden en el plano de lo invisible. El interés por la investigación se fortalece con los estudios de posgrado. Tiene la fortuna de definirse por el tema de los migrantes, y no lo deja en décadas de ejercicio. En su formación académica, el sufrimiento y el desgaste venían incluidos. Estudiar la maestría en la Universidad Autónoma Metropolitana (UAM) en la Ciudad de México, a mediados de la década de los noventa, retó su compromiso y perseverancia.

Yo tenía muy claro que quería cursar una maestría en estudios rurales. Si ya estaba metido en la línea de jornaleros agrícolas, no iba a renunciar a ello. La mejor universidad pública en México que ofrecía un programa como el que yo quería, era la UAM. ¿Qué implicaba? Viajar al menos una vez al mes a la Ciudad de México para asistir a las clases que se impartían. ¿En avión? Ni pensarlo. Ninguna escuela me pagaba los traslados. Debía viajar en camión, lo cual suponía unos palizones de cincuenta horas de trayecto de ida, y otras cincuenta de regreso. **Sufrí, me agobié, pero no decliné**. Las clases y la maestría completa valían la pena. Ahí encontré a verdaderos gurús de la sociología rural, profesores de discurso... ¿de qué otro tipo de docente se puede ser cuando se sabe tanto?

A pesar del fuerte impulso por la investigación que le dio la maestría en la UAM, no dejó la docencia. Sin saberlo, Moreno Mena estaba ya dentro del ritual que se vive en los ambientes universitarios, concretamente en los salones de clase. Más allá de necesitar el trabajo de profesor, lo cierto es que se fue acomodando a esos modos de dialogar, de escuchar, y más de ser escuchado por alguno o algunos estudiantes que tienen deseos de saber más. Ese factor de querer ser buen profesor, lo lleva a buscar profesionalizarse en esa área.

No la dejé [la docencia] porque me formé en la UABC; me da la impresión de que teníamos que desarrollar una línea de investigación acompañada por programas de posgrado y en ello puse mi empeño durante décadas. Cuando entré al Instituto de Investigación en Ciencias Sociales, la línea de migrantes casi finalizaba. Yo vi un nicho ahí. ¿Por qué no se está estudiando la migración siendo una región fronteriza? En la maestría que teníamos, metí esa línea de migración. Estuve empujando para que se fuera fortaleciendo. Poco a poco fueron entrando nuevos investigadores y yo busqué convencerlos. Por más de una década realizamos congresos, foros, etc. Estudiantes que hicieron sus investigaciones sobre los migrantes. Vi un campo que se abría y la universidad no me bloqueó.

El ejercicio docente de José Moreno va desdibujando una conjetura a la cual, como señala Zabalza (2013) se abrazaron algunos administradores de la educación universitaria, que sostenían que los estudiantes de ese nivel no requerirían de un profesor, si se tienen buenas bibliotecas, y laboratorios, u otros recursos que suman al aprendizaje. El buen profesor, aun teniendo la mejor biblioteca, es imprescindible.

El profesor tradicional tiene que ir evolucionando con el conocimiento. Yo empecé a cambiar de rumbo, intentando trabajar con dinámicas; buscaba interactuar mucho con los estudiantes, con lecturas y discursos. Uno de mis métodos favoritos fue llevarlos al campo, sacarlos del salón de clases. Es en los albergues, en las centrales camioneras, en los camellones de los bulevares, incluso en las bancas de los parques públicos, donde puedes perfectamente cruzar la teoría con la realidad, el concepto abstracto con el dato empírico. Por fortuna, la universidad también evolucionó en sus modelos de enseñanza, de modo que yo estaba dentro de lo que era posible. Fue muy enriquecedor.

La docencia, la investigación y el activismo social

Treinta y cinco años en la Universidad. Cuánto aire y cuánto polvo se acumula en ese peregrinar por los salones de clase. Toca, además, una avalancha de nuevas teorías pedagógicas y didácticas sobre la docencia, pues se pasaba de un siglo que concluía a uno donde la velocidad del cambio y la tecnología marcarían la pauta. ¿Cómo estos cambios del contexto y el vértigo del tiempo fueron condicionando la docencia del Moreno Mena?

Yo leía e interpretaba que había que adaptarse a los cambios y a los nuevos enfoques. Muchas veces ni lo entendíamos, pero había que intentarlo. ¿Qué veía alrededor? Por lo menos dos cosas, incluso antagónicas. Por una parte, muchos profesores no cambiaron, seguían siendo de discursos, de lectura de libros, de sesiones de lectura en voz alta en un aula. De alguna forma, la nueva universidad los estaba dejando atrás. Por otra, y eso es algo que empecé a ver con desazón, vi claramente un cambio hacia una educación muy individualista, una educación que enaltecía el logro individual, el éxito personal, y que iba dejando atrás la fuerza del colectivo, el esfuerzo común. Ahí tuvimos muchos problemas. Yo no quería, me rehusaba a seguir en ese tipo de enfoques. A la tecnología no me podía rehusar. Había que incorporar la computadora, los proyectores de filminas; buscar alternativas de docencia y no depender solo del discurso.

En la trayectoria biográfica de Moreno Mena se pueden identificar tres rasgos que definen su vida laboral en la universidad.

Por una parte, la docencia, que como se puede ver, fue el bastión de su desarrollo profesional; la investigación en un campo completamente definido y, una tercera, de la que poco se ha dicho: su activismo social. Investigaba y al mismo tiempo, dialogaba con los líderes de las organizaciones de migrantes. Ese acercarse a un objeto de estudio desde la investigación-acción, y no desde métodos cuantitativos que se acogen a una cierta forma cuestionable de objetividad, le desarrollaron un sentido de preocupación y de pertenencia. La consecuencia de ello fue que empezó a formar parte de organismos nacionales e internacionales de cuidado y protección al migrante, tarea que no abandonó ni al momento de jubilarse de la universidad.

Y debemos acercarnos a la objetividad, aun siendo del mismo gremio. ¿Podría, después de tres décadas de profesión, llegar alguna dosis de frustración? Podría ese sentimiento incómodo deberse en parte a esa brecha generacional que nos provoca entender menos a los alumnos y que fácilmente nos hace llegar a esa frase común: ¿leen menos, se comprometen menos, se interesan menos?

> Me impactó descubrir que los estudiantes de maestría no sabían leer. Si no saben leer, ¿cómo van a investigar? Muy pocos estudiantes sí devoraban el conocimiento, garbanzos de a libra, pero la gran mayoría, nada. **En los últimos años terminas dando clases por compromiso**; ellos ya no son los mismos, y tú no eres el mismo. Yo lo reconozco, ya no es el mismo ímpetu. No son las mismas ganas, y vuelve uno al discurso. Sí, **abandoné la tecnología y regresé al discurso**. Temáticas que ya manejaba, como derechos humanos, grupos vulnerables. Lo que yo compartía era lo que sabía y lo que había vivido. Eso significa regresar al discurso.

Le pregunto en medio de sus recuerdos:

—*Buscaste, en esos treinta y cinco años, hacer una buena docencia; en cuanto a la investigación, te convertiste en un referente del tema de los migrantes; y tu trabajo en albergues, redes y asociaciones de migrantes es inocultable. ¿Está el testimonio y la responsabilidad en tu quehacer profesional?*

> Eso yo no lo puedo afirmar. Sí creo en ciertos valores que debe tener el gremio a los que yo me adscribí. Uno de ellos es el compromiso. Independientemente de las circunstancias que te rodeen.

Eso no lo puedes eludir. El otro es la **solidaridad**. Me tocaron chavos que requerían mucho apoyo, emocional y económico, chavos que incluso andaban metidos en la droga. Ves muchas cosas dolorosas cuando te relacionas con los estudiantes, pero un profesor que se defina como tal, no puede renunciar a eso, por dos principios: la honestidad y la responsabilidad. Ni hablar, hay que remangarse las manos y tener una buena dosis de compasión.

José Moreno, desde la lealtad a su profesión, no deja de cultivar el sentido crítico que ha caracterizado su trayectoria, lo mismo que se adivina en su práctica: extender el salón de clases al entorno comunitario, llevar el conocimiento de la universidad al complejo entramado de los problemas sociales. Desde ese vínculo social que lo nutre y que incluso le da argumentos para fortalecer su discurso teórico desde las vivencias, cuestiona la superficialidad de la educación de nuestros días.

Los profesores de esta camada, más jóvenes, se formaron en la generación de modelos individualistas, y eso provocó que llegaran a la universidad sin mucho compromiso. Lo veo en cualquier universidad, pues tengo relación con muchas, tanto públicas como privadas. Muy pasivos. Ya no se preocupan por tener interacción con los estudiantes. Siempre andan a la carrera, aparentemente saturados de trabajo. **Son profesores chambistas**.

Es cierto que la mayoría de ellos son docentes de asignatura y tienen que ir de un lado a otro buscando tener ingresos que les permitan afrontar las dificultades económicas. Como sea, son hijos de estos tiempos y me parece que dejan de lado lo que tiene la buena educación: el compromiso con los chavos.

Y continúa la crítica, planteada desde su marco de referencia de lo que debe ser un docente universitario, un referente o, como se le conocía en décadas atrás, «una vaca sagrada», con un fuerte compromiso social.

En una escuela o facultad, puedes ver uno o dos que tienen un compromiso social. En cambio, los nuevos se formaron con una visión del mundo distinta, desde ese paradigma que ve primero por uno mismo, y después… por uno mismo. Superación personal como clave del éxito y que el colectivo se las arregle. Están preocupados por la sobrevivencia, **no se preocupan por el otro; tampoco se preocupan por el conocimiento**.

La única manera de estar vigente

Un hecho insólito sacudió a la escuela y a los profesores en todas latitudes: la pandemia de la COVID-19 en el año 2020. Una gran diversidad de experiencias vivió el profesorado. Pinchó a Moreno Mena con la de un colega cercano. Le comparto que el 2022 entrevisté al profesor Gerardo, un amigo de él que trabajó por más de veinticinco años en una escuela secundaria. Expresé que ese hombre y un par de profesores más, se habían jubilado porque ellos *«No estaban dispuestos a dar clases a través de la computadora». «Detrás de la compu no hay nadie»*, fue la justificación de su decisión.

Hago pausa para que digiera la anécdota, y planteó dos preguntas: *¿Qué piensas de ello? ¿Qué te obliga a jubilarte?*

Estoy en desacuerdo con mi compa Gerardo; aún en la pantalla de una computadora, siempre hay alguien. Yo no me hubiera querido jubilar, pero el ambiente en mi trabajo en el Instituto de Investigaciones se enrareció. Un grupo antagónico bloqueó un programa de doctorado que habíamos diseñado. Nos hicieron la vida imposible. La línea del doctorado no les simpatizaba y lo bloquearon. Por eso me jubilé. Estaba una coyuntura con un ambiente enrarecido; luego la pandemia. Yo estuve dando clases virtuales en la pandemia y no tuve problemas. Yo busqué la plataforma más adecuada y me gustó. Sí podía interactuar. Luego también se presentó que yo ya tenía la edad. También se corrió la voz en la Universidad que, si no nos jubilábamos los que podíamos, íbamos a tener problemas. La Universidad ocupaba renovar y no tenía plazas. A mí sí me interesaba que entrara gente nueva. Pero esa fue una circunstancia. De manera contundente lo puedo afirmar: a mí **la pandemia no me obligó a jubilarme**.

En el ocaso de la entrevista no puedo dejar de lado una pregunta que estuvo presente en toda la conversación: *«¿No te equivocaste abrazando la profesión de docente universitario? No me refiero a si no tuviste caídas, derrotas, semestres malditos, sino a la trayectoria como tal».*

¿Qué te digo? A los veintitrés años inicié mi actividad como profesor. En ese momento, no supe que sería la profesión de mi vida, y no creo que haya alguien que, siendo contador, ingeniero, psicólogo y empiece a impartir clases, pueda decir que sí. Hoy, a mis sesenta y dos años, yo todavía sigo dando clases en un programa de doctorado para profesores normalistas. **Me gusta, es la única manera de cultivarme, de estar vigente.** Eso te da la docencia cuando no caes en el tedio ni en la rutina: la vigencia en el conocimiento. Pareciera llegar a un paraje común el decir que sigo aprendiendo de mis estudiantes, pero no lo es; tan no lo es que, simplemente por niveles generacionales, he de reconocer que ellos te transmiten cierta energía que requieres. Yo creo que cuando entras **a la investigación y a la docencia, ya no la puedes abandonar.** Estás en ellas toda la vida. Al menos es lo que pienso.

Cierro la entrevista con la frase que me hizo resonancia al inicio de la conversación. *Abriste con fuego,* le disparo con otra bocanada de lumbre. *«Dijiste que a una persona, en este caso a un profesor, no le es permitido no hacer, ocultarse o pretender olvidar, porque eso es hacerle el juego a la complicidad».* ¿Lo puedes seguir haciendo fuera ya de las aulas universitarias? Su respuesta carga una dosis de emoción.

Me resulta ineludible. Sigo en las asociaciones de migrantes, denunciando tanto al gobierno como a los poderes económicos. También sigo estudiando el fenómeno migrante, y más ahora que la migración a la frontera norte de México ha crecido como un tsunami. Hay muchas carencias y no pocas tragedias. ¿Cómo volteas la mirada y cierras la boca ante eso? La moral de la tragedia y del recuerdo no te lo permiten.

Notas desde la bitácora personal

Dejo algunas notas a manera de conclusión. Quizá la que más me interese enunciar es que José Moreno Mena no es un modelo a seguir. Como le he citado en capítulos anteriores, Mèlich (2010), refiere que no hay ejemplos pedagógicos, no hay modelos, sino testimonios, asevera en forma categórica. En la singularidad, en ese micro mundo que es donde acontecen las cosas, es donde cabe reflexionar sobre la historia profesional de este docente.

Moreno Mena se hizo profesor por la cercanía de su profesión (sociología) con la docencia. Como en otros tantos casos, la circunstancia económica lo llevó a ello; también como en otros, los primeros años pagó el derecho de piso por la inexperiencia. Sin embargo, en él hay dos puntos de quiebre que le hicieron permanecer por más de tres décadas y no abandonar los salones de clases: a) la honestidad para prepararse en esa nueva profesión, entenderla mejor, aprender a planear los cursos; b) su gusto y capacidad para desarrollar y desarrollarse en la investigación. Los migrantes y sus condiciones de vida fueron su objeto de estudio favorito.

El trabajo comunitario, aprender del dolor de la vulnerabilidad que sacude a los migrantes, hizo volcar su práctica docente a un sólido trabajo más allá de las aulas. También habrá de reconocer que conforme se acercaba a ser un adulto mayor, algo de la rutina, los cambios generacionales, lo que él llama el ascenso del individualismo, le fueron creando una frustración tal que le llevaron a regresar al comienzo: ser un profesor que volvió a depender del discurso.

Entre la moral del recuerdo y el doblegarse ante la crisis de sentido y de identidad, están las geografías de este singular profesor universitario.

El primer abalorio de LUIS F. OVIEDO

La imaginación como una ruta entre la escuela y la casa

«*La necesidad de construir mundos imaginarios la experimenté en mi niñez. El simple hecho de recorrer las cuadras entre la escuela y mi casa era como un lienzo donde ir colocando personajes e historias. Mi mente nunca estuvo quieta e imaginaba todo el tiempo, soñaba despierto para llenar esos vacíos y silencios (…). Jugaba con mi realidad y la entrelazaba con una fantasía y mis deseos, que me llevaban a otro estrato y a otro, y de repente ya me había alejado de la propuesta original, y volvía a empezar tratando de respetar la primera versión. Era una dinámica para quitarle lo tedioso al camino de la escuela primaria*».

(Oviedo, 2018, p. 11)

5

Un contador que profesionalizó la docencia universitaria: *Luis Fernando Oviedo Villavicencio*

—¿Qué quieres ser de grande?-, me preguntó
mi madre cuando era un mocoso.
—Turista—, respondí de inmediato.
—Para eso no se estudia, tienes que prepararte y trabajar
mucho para ahorrar y para poder viajar.

L. OVIEDO (2011)

Entre el mito y el pozo

En el mundo del profesorado universitario jubilado, habrá algunos a los que los asimile el mito; pasará el tiempo y la memoria los mantendrá en una suerte de olimpo. Serían docentes que hicieron del salón de clases un encuentro de expectativas cotidianas, aun reconociendo que tuvieron días que ningún estudiante fue capaz de expresar esa máxima pedagógica que surge al finalizar una clase: ¿qué más, maestro?, ¿qué más? Los hay otros, quizás los más en estos tiempos heredados de la postmodernidad, que permanecerían en el pozo, ese agujero habitado por seres taciturnos y oscuros, que fueron abrazados por la frustración, la rutina, la pereza y el desinterés, los cuatro enemigos de la buena docencia. En medio de esas antípodas, podríamos encontrar una enorme gama de trayectorias, similares en lo general, pero con las especificidades propias de las historias personales.

El mito, según Moliner (2007) es «una leyenda simbólica cuyos personajes representan fuerzas de la naturaleza o aspectos de la condición humana (…). Es una cosa inventada por alguien, que intenta hacerla pasar por la verdad, o cosa que no existe sino en la fantasía de «alguien» (p. 1964). El relato, la narración, la fábula tratan de describir un acontecimiento más allá de lo ordinario, pero muchas de las veces anclado en la moralidad de una comunidad o sociedad. El mito requiere de las creencias, pero no las simples, sino las potenciadas, para mantener su vigencia. La RAE (2023) define el término creencia como: «Firme asentimiento y conformidad con algo. Es la idea que se considera verdadera y a la que se da completo crédito como cierta». Podemos expresar un conjunto de creencias que envuelven las largas trayectorias del profesorado universitario. Ideas que a fuerza de escucharlas pudiésemos sostenerlas como verdaderas. Creencias, las menos, que pueden acercarnos a la fábula. De ahí al mito solo queda un paso.

Por su parte la metáfora del pozo posee diversas acepciones. La más cercana a nuestras representaciones sociales es la que se asocia a un agujero hecho en la tierra; un túnel, una excavación que nos lleva a un fondo donde hay agua, petróleo, minerales como el oro, la plata. A lo largo de la historia de la humanidad el pozo, ese agujero oscuro que puede ser un referente de vida, se carga de simbolismos. Probablemente uno de los más socorridos sea el de carácter religioso. El pozo que se representa por medio de un aljibe es el fin de la peregrinación. Ahí se encuentra el agua que refresca y le da nuevas energías a la vida. Pero también el pozo es el sitio siniestro, el lugar preferido de los cineastas para ocultar, engañar, amenazar y desaparecer los cuerpos.

Entre el mito y el pozo, los profesores universitarios jubilados, ¿fueron capaces, con sus acciones, de construir su propio mito? ¿O su práctica docente se fue acercando, conforme se acumulaban los años, a la oscuridad del pozo? ¿O simplemente su práctica no fue de leyenda ni de terror, fue, como tantas otras profesiones, cocinada entre cielos azules u otros tantos grises?

Las historias narradas hasta este momento pertenecen al género de las que se cocinaron con medianos éxitos y con no pocos tropezones.

Carlos Fuentes ejemplifica muy bien esta idea de mitificar el trabajo del profesor universitario. En el 2012, justo el año de su fallecimiento, escribe un libro llamado *Personas*. En un capítulo de la obra, Fuentes acerca al mito —con su poética y muy educada prosa— a varios de los profesores que le enseñaron en su época de universitario: politólogos, filósofos, médicos.

Tres rasgos tienen en común esos docentes.

En primer lugar son una suerte de sabios de la ciencia que enseñan. Eso lo logran con una sólida formación y una biblioteca que evidencia sus rasgos humanistas, es decir, que combinan ciencia y cultura. Para estar en un aula universitaria, no ocupan más que ese enciclopedismo que han construido con miles de lecturas, sesiones inagotables de cafés con los colegas, viajes para ampliar el conocimiento del mundo.

Todos concluían su clase en el aula y llevaban a sus estudiantes al patio de su casa o al estudio, con libros en el suelo con los que se tropezaban al dar paso, «a seguir la conversación». Eran una suerte de mentores del conocimiento. Selectivos por necesidad, buscaban formar a la nueva generación de sabios

Fuentes subrayaba dos valores por encima del resto: la pasión por el conocimiento y la lealtad. La lealtad, esa cualidad de no abandonar a alguien o a algo, que no le impedía convivir con el poder universitario de la época, ser respetuoso, pero con una crítica apasionada; estar ahí, pero en un movimiento perpetuo. El escritor, para ponerlos en camino al mito, de ninguno enuncia sus debilidades, esas fragilidades humanas que podían volverlos neuróticos, irascibles, soberbios, arrogantes, excluyentes. La debilidad de un hecho pasa a ser leyenda cuando se doblega al dolor y se logra la victoria. El mito se construye desde lo sublime, pero requiere del llanto.

Mi historia de reconocimiento a un tipo de profesor universitario que fue Luis Fernando Oviedo Villavicencio, se me vino como una cohetería que estalla detrás de la Torre Eiffel, en el año 2011. El colega me pidió que le escribiera el prólogo de un libro atrayente al que tituló *Medio mundo en un par de zapatos* (2011). Leí cada página y cuando llegué al sitio donde describía su estancia en un teatro de San Petersburgo, deleitándose con el Lago de los Cisnes, admití que estaba ante un docente que no nació con la vocación (si es que con eso se nace), sino que cultivó con mucha paciencia los perfiles de una profesión que demanda aprendizaje todos los días. En una parte de ese prólogo escribí: «Apenas pasa de un andén a otro cuando ya está describiendo *El lago de los cisnes* en San Petersburgo, o haciendo referencia a Victor Hugo y *Los Miserables* en la ebullición histórica de la monarquía francesa» (p.12). Admiré desde ese momento esa facción tan delicada de la formación integral: un docente que cultivaba el conocimiento de la ciencia que enseña, con el culto por el arte, la cultura, la música, la historia. Redondeaba ese gusto con otras pasiones: los viajes, la fotografía, la escritura. Difícil encontrar en la institución para la que trabajó —CETYS Universidad— un docente más completo en esas áreas. Ni el mejor investigador ni el mayor escritor, sí el académico más proclive al culto de las artes.

Ni vocación ni referencia familiar

Luis Oviedo impartió la que presumiblemente fue la última clase de su vida laboral en el Centro de Enseñanza Técnica y Superior (CETYS, Universidad)[1], en una tarde de julio del 2023. Estaba frente a sus alumnos proyectando desde su computadora personal (*lap top),* materiales que había diseñado y estaban depositados en la plataforma Blackboard®. Su voz denotaba una emoción particular al expresar las notas finales de la materia Contabilidad Administrativa, curiosamente la misma materia, con diferente contenido, con la que inició su ejercicio docente en los primeros años de la década de los ochenta del siglo pasado. Aquel lejano año, con un gis en la mano y un conocimiento muy escaso; en el tiempo de hoy, con un *power point,* una hoja de Excel y hasta tutoriales de diseño propio. Probablemente el contenido de la materia, solo igual en el nombre cuatro décadas después, represente la colección de abalorios que fue integrando en su vida de académico. El programa del curso de julio sería la síntesis de larga trayectoria.

Adelanto una pre-conclusión para referirme a esta historia. Hay, de muchas maneras recogidas en sus expresiones, una

---

[1] CETYS Universidad es una institución de educación superior, particular, sin fines de lucro, que se encuentra en el estado de Baja California. Fue fundada en el año de 1961 por un grupo de empresarios de la región. Actualmente ofrece programas en tres campos de conocimiento: Administración, Ingeniería, Ciencias Sociales.

lealtad hacia la profesión. La lealtad como esa cualidad de no abandonar, de ser incapaz de cometer injusticias cruciales, de engañar, de dejar a la deriva, quizá la más complicada de todas las cualidades que forman parte del ser profesor.

Su llegada al campo educativo como profesor, fue casi fortuita. En su biografía no se encuentran redes familiares ni una vocación que invadiera sus sentidos.

> Tengo 65 años de edad. Soy nativo de Ensenada, Baja California y residente de Mexicali desde más de 45 años. Estudié la carrera de Contador Público en CETYS e hice una maestría en Administración con concentración en Finanzas, en el Instituto-Tecnológico de Monterrey. Siendo contador, llegué a la docencia universitaria casi por azar. Nunca pensé en dar clases. Mientras trabajaba en la banca, recibí una llamada de la Escuela de Ingeniería, concretamente del Ing. Mauro Chavez, que me invitaba a impartir la materia Contabilidad Administrativa, porque creo que un profesor había desertado. Ese inicio fue como un *hobby*, pues el trabajo que más me demandaba, era el de la banca. Estuve combinando ese trabajo con el de ser profesor de asignatura. De acuerdo a los resultados, un semestre después la escuela me ofreció más grupos.

La contabilidad es un campo con un espectro laboral muy definido, y él fue por un trabajo que le permitiría utilizar los conocimientos adquiridos en la carrera. De la docencia, nada, hasta que tocaron a su puerta. Vive una primera experiencia y empieza a sentir una cierta atracción por los salones de clases universitarios.

> Yo no tenía experiencia con la docencia, mucho menos con la universitaria. Mi hermano era maestro, pero no bebí nada de su experiencia. Estábamos a la distancia. Poca influencia tuvo mi familia en esa decisión. El antecedente que puede ubicar era ayudar a mis compañeros de clase, resolviendo sus dudas, sobre todo en periodo de exámenes. A mí la contabilidad no me representaba complicación alguna y podía explicarla con facilidad. Y a decir de mis compañeros, me entendían muy bien. Egresé de la licenciatura en el verano de 1980 y entré como profesor de asignatura en 1982, impartiendo clases del área contable. Materias de tercero, cuarto, quinto semestre.

Fulano no encontró nada, se fue a dar clases

Su desarrollo profesional y su situación económica no dependía de la docencia, de modo que podía elegir las materias que impartiría, en la universidad que lo había formado. Lo que empezó como ese *hobby* al que refiere, al paso de los semestres fue adquiriendo una importancia mayor en su vida, y fue tomando conciencia de lo que hacía. Era una edad muy temprana, pero desde ya, supo que tenía que subsidiar la dimensión pedagógica de la profesión.

> Preparaba materiales. Siempre fue así. Tal vez por el puro gusto, pero no quería quedar mal con los alumnos que eran muy críticos, y más teniendo esas materias que se consideraban de relleno para un ingeniero. Yo no tuve comentarios en contra en ese par de años. Casi tenía su edad, pero me llevaba bien con ellos, a pesar de que fueran conscientes que no era una materia clave. El director estuvo cerca de mi trabajo. En esos tiempos llegaban las primeras herramientas de computación a las escuelas de CETYS. Yo empecé a utilizar la computadora en un pequeño laboratorio para maestros de asignatura. La información se guardaba en «*flopis*». El desarrollo del aula fue dándose como uno se sintiera más a gusto.

El tomar la decisión que definió el rumbo de su vida para las siguientes cuatro décadas, se le presentó a los dos años de ser profesor de asignatura (por horas). La banca mexicana, sumida en una crisis histórica, no le representaba estabilidad. Y la docencia, como profesión emergente, le daba las primeras satisfacciones. Al pasar de docente de asignatura a profesor de tiempo completo, no dejó de tener dudas. Los contadores suelen presumir sus éxitos en las empresas, los despachos, la banca, y poco en la docencia universitaria, más en aquellos años.

> A principios de 1984, daba clases en la Escuela de Contabilidad y Administración (ECA) y en Ingeniería. Ese año yo ya traía una buena carga de profesor por horas, con cinco o seis grupos. En el mismo periodo, dejo el banco porque la nacionalización había cambiado el ambiente laboral y tenía que buscar un trabajo. Hago como unas cinco entrevistas en despachos y empresas. Le planteo al contador Jaime Álvarez, el coordinador académico de la escuela, pues me entero de que un profesor de tiempo

completo se va de CETYS y queda vacante el puesto. Al día siguiente me habla y me dice que hay una plaza para mí. Entro a ocuparla en enero de 1985. Admito que en esa época de crisis económica en México y en América Latina, había que agarrarse de algo. En esos años era muy común escuchar esta frase: *Fulano no encontró nada, se fue a dar clases.* A la distancia diré que sí fue una línea profesional en la que no había pensado, pero no cabe duda que **me fue gustando eso de ser maestro universitario.**

Yo decidí ser docente

Oviedo Villavicencio se fue haciendo profesor. El saber que viene del estudio constante se entrecruza con la experiencia, ambas cosas delinean un tipo de práctica docente con los tintes pedagógicos que proporciona la institución. El resto lo ponen sus capacidades personales.

Ya estoy ahí, en un salón de clases, en medio de estudiantes que algo demandan de mí. Eso lo capto y me obligo a desarrollar materiales, unos para proyectar y otros para la clase. *«Ya decidí ser docente, ahora me aplico»*, me digo. Mi primera referencia son mis profesores universitarios. Yo no los seguía del todo porque me daba cuenta de que tenían esquemas muy rígidos y que eso no funcionaba, al menos no siempre. De alguna manera, eso chocaba con la creatividad que empezaba a definir mi estilo de docencia.

Y es interesante ver cómo el profesor, que no es de carrera, que no se formó en las escuelas destinadas para ello (centros formadores de maestros), va percibiendo y racionalizando lo que debe hacer, y lo que no debe hacer. En el caso de Luis Oviedo, pronto se le cayeron los estereotipos de los maestros que tuvo. La mitificación de algunos de ellos, no alcanzó a impactarlo.

Los maestros de contabilidad imitaban a los antiguos. Cuando yo empecé a tener problemas porque no encajaba, me decía: *«Eso no está bien. Es más fácil que cambie el profesor a que cambien treinta estudiantes»*. Entonces te das cuenta de que **estás frente a una profesión que no conoces y que debes empezar a conocer.** Yo, con ojo crítico, empecé a cambiar el modelo. A los antiguos no les importaba si los alumnos aprendían o no, ellos *agarraban monte*. Yo, con maestros de otras áreas, entraba a cursos de didáctica, pero no veía a mis colegas de profesión. ¿Por qué no se preparan en lo pedagógico?, me preguntaba constantemente.

Profesionalizar la segunda profesión

Si se está ante una profesión que hay que empezar a conocer, a Oviedo Villavicencio le pareció que no tenía otra alternativa, incluso yendo contra corriente del pensamiento dominante del gremio de los contadores: había que profesionalizar la docencia universitaria. Y más en los tiempos cambiantes donde la tecnología abría las puertas de los salones de clases con el maestro o, a pesar de él.

¿Qué intenté hacer? Profesionalizar la segunda profesión que había en mí. Traté de aprender a ser docente. En los ochenta eso hice; tampoco me casaba con una forma, tenía que buscar otra cosa y, además, adaptarlo a mis materias. La contabilidad no tenía nada que ver con psicología, derecho, etc., y eso me impulsaba a buscarle el modo. Cuando me doy cuenta de que el colegio de contadores reconoce la docencia como una actividad sustantiva ligada a la profesión, en ese momento me dije: *«No estoy mal, esto es lo que debe ser. Es más, estoy desarrollando una de las áreas del quehacer del contador»*. Y respecto a los encontronazos, ¿qué digo? En uno de esos años de la década de los noventa, me programaron una clase de Análisis Financiero en un horario completamente inapropiado. Un curso muy importante. A la una de la tarde los estudiantes ya estaban muy cansados. Me acuerdo de que tuve que buscar dinámicas para relajar el ambiente, luego íbamos a comer. Perfecto, nadie se quejó. Al siguiente semestre me toca el mismo grupo, en un horario de las diez de la mañana y... .¡fue el fracaso total! El mismo grupo se quejaba y me desconcertaba. Me tuve que poner a estudiar buscando una respuesta. Eso me alertó a que siempre que iniciaba un semestre, tenía que hacer un diagnóstico. Mucho de psicología educativa por aprender.

Luis Oviedo es uno de esos casos donde la experiencia de los años no lo atraparon en la rutina. Más bien, la capacidad creativa que tenía para inventarse recursos didácticos, aunada a explotar la veta social de la relación con los estudiantes, lo llevaron a alcanzar logros personales que los fue atesorando en la memoria. Es la etapa que él definiría como de plenitud.

Creo que alcancé la cúspide de la montaña a partir de los noventa, entrando al año 2000. Al momento que los estudiantes me eligen como padrino, entras a otra etapa y te das cuenta de que esa es una evaluación más genuina. Tuve el contacto mucho más estrecho con las generaciones y puedo decir que fue un plan de mi parte para que las generaciones se conocieran entre sí. Busqué formar una comunidad de estudiantes de contabilidad para que socializaran y también se apoyaran con libros, asesorías, etc. Esa fue una iniciativa mía que dio muy buenos frutos y de la que me siento orgulloso. Ser el padrino de más de la mitad de las generaciones que pasaron por mis aulas, (más de veinte) algo debe de decir, ¿no?

A la par con esa sensación de bienestar y de reconocimiento que necesita todo profesor, viene un momento crucial en su trayectoria de profesor universitario. Una amenaza laboral que padece junto a un par de colegas. Lo siente como un rechazo por parte de la autoridad y del gremio mismo, y le pega en los sentimientos de una manera radical. Desde ese año, el 2014, Oviedo Villavicencio tomó distancia de la autoridad y buscó más los proyectos personales, entre ellos la escritura, y los que se inventaba con sus estudiantes. La frustración es una herida que no sutura.

Yo ya me venía sintiendo desvalijado desde el 2014. A mí se me acabó todo ese año. Es evidente que a mí no me quieren en esta escuela. Desde ahí, perdí todos los incentivos. La directora en funciones no toleraba voces críticas a su gestión, o lo que ella creía que eran voces críticas, que sólo eran opiniones sensatas de cómo llevar la práctica docente, ante planteamientos descabellados y fuera de toda lógica. Conspiró para que al menos tres profesores fuéramos eliminados de la nómina, pero era crear o inventar demasiados pretextos para justificar tantos despidos. Sólo uno prosperó. Salvé el pellejo por obra del Espíritu Santo. El castigo alcanzó a removerme de la coordinación de carrera, pretextando ajustes en el presupuesto. Por demás inverosímil, pues hubo nuevo coordinador a quien se le dio la compensación económica que yo tenía. De ahí me vino un desgano de ver cómo a veces la política era más importante que la razón crítica.

La pandemia y la tecnología

Llega la pandemia y, a diferencia de muchos otros profesores universitarios que vieron como el aula, el sitio de su profesión se movía a una pantalla de una computadora, Oviedo Villavicencio estuvo mejor provisto desde lo pedagógico y lo tecnológico. Por esas capacidades creativas que definieron su práctica docente, desde los primeros años del siglo XXI, se había dado a la tarea de diseñar e impartir materias a través de la virtualidad.

Cuando inicia oficialmente lo de educación a distancia, yo ya tenía cursos en esa modalidad. Por iniciativa propia, había trabajado en ello desde el 2007. Yo detectaba esa necesidad y les decía a los estudiantes: «Lleva esa materia en línea». El Blackboard fue muy útil para eso. Yo diseñé un curso de Análisis Financiero y lo impartí, incluso del campus Ensenada me lo solicitaban. Cuando empezamos oficialmente con el Dr. George Bonilla, que fue contratado para desarrollar la educación en línea, yo ya tenía algo, yo tenía un paso adelante, ya estaba ahí. Haber «sufrido» el largo camino de construir la educación en línea en CETYS, me hizo consciente de la importancia que tenía, pero al mismo tiempo, de que no era para todos. Requieres de una percha especial.

Los atributos o cualidades valorativas de un profesor universitario. Se lo pregunto pensando en el tipo ideal, es decir, lo que él consideraría que todo buen académico debe tener para desarrollar su profesión. Oviedo no conceptualiza, no va por la idea abstracta, y responde desde su propio quehacer, poniendo como espada representativa con la cual enfrentar al enemigo, la presencia en el salón, esto es, el cumplimiento de un calendario de trabajo, aun por encima de las necesidades (y de las necedades) de la institución:

El compromiso, el respeto y... la responsabilidad. El compromiso es porque, si te dan un horario, debes respetarlo. Si yo me comprometo con la institución en algo, debo cumplirlo. Por eso me enervaba que sabiendo que profes que faltaban, salieran premiados, cuando la condición era 100% de asistencias, y ante el reclamo que me dijeran que el sistema arrojaba esa evidencia. ¿Y la que yo tenía? ¿Esa no contaba? Por eso le perdí toda la credibilidad a ese tipo de premios institucionales. También existe el compromiso de cumplir con un programa y un plan de trabajo, diseñados para coadyuvar en la formación profesional del estudiante.

Conducirme con respeto ante los demás compañeros, propiciando reciprocidad; respeto hacia la posición que tiene un estudiante dentro y fuera del aula; respeto a los acuerdos tomados, porque todos participábamos en la toma de decisiones. Ser consciente de que eres responsable de tu actitud y tu trabajo, y debes de responder por tus acciones, sean buenas o malas.

Incluso, en el tema de las cualidades valorativas, este maestro es más enfático. No se da tregua, y sin dudarlo, en términos de conducta, habla de reciprocidad con los estudiantes.

A mí los estudiantes siempre me han respetado y hasta la fecha, no he tenido queja de ellos. 38 años y al menos 37,7 de esos años llegué y me fui a tiempo de una clase. Casi el 100% de las veces, cumplí. Yo no podía cambiar una clase por una junta, ni por una u otra cosa. A mí no me pedían que llevara a mi grupo a una actividad como conferencias y otros eventos. Un semestre se planea para treinta y dos sesiones de dos horas cada una. Yo elaboraba un plan de clases y debía cumplirlo. Nadie me puede decir que no lo cumplí. Incluso durante viajes de estudio, los estudiantes me demostraron responsabilidad, cumpliendo con los objetivos planeados, aún con alguna noche de desvelo que se les pudo presentar.

Después de tantos años en la docencia, es capaz de definir su práctica. Siendo un profesor culto, esos atributos de un gran lector, un artista de la cámara fotográfica, un escritor de libros (varios editados por el CETYS), debían reflejarse en su profesión de profesor.

Me defino como un profesor creativo y que tiene como fortaleza la comunicación. Tú comunicas algo de lo que el estudiante se debe apropiar. Claro que, para mí, se me da mejor la expresión escrita. Eso tiene que ir junto con pegado con... la relación que debe existir entre profesor y alumno. No son dos entes que van trabajando de manera independiente. Hay interacción y ahí entran los sentimientos, las emociones. Ésas te ayudan a conocer al que está frente a ti. Si un estudiante obtiene un cinco de calificación, podrías analizar y decir: *Éste no corresponde.* Necesitamos conocer los perfiles. Por eso no comprendí a los profes de contabilidad que solo llegaban a dar una clase y no sabían nada del grupo. A eso yo nunca me adscribí.

No me gustaban los enunciados de problemas simples, tipo libros americanos. Tres datos y la pregunta. Construía historias para hacerlos más apegados a situaciones donde se ponían en juego alternativas, que podían resolverse con las herramientas, métodos o fórmulas de clase. Ejemplo: una inversión de tanto, en equis tiempo con una tasa de interés, ¿cuánta ganancia genera? Inventaba una situación donde un padre de familia quería dejar un patrimonio para su hijo, para que cuando fuera a la universidad, en un futuro, pudiera costearse sus estudios, etc.

Era como humanizar el supuesto para poner en práctica procedimientos de cálculo específicos. Crear escenarios de empresa que replicaran el momento de usar lo aprendido. Digamos que eran pequeñas historias para plantear problemas.

Y la pregunta sobre el final es inaplazable. Se suma la edad con los años como docente y la ecuación trae una frase contundente: es el momento de retirarse. ¿Cómo se retira un profesor de Contabilidad con esos altibajos en su vida laboral?

Cuando cumples cincuenta años, te llega el convencimiento de que estás acercado a las etapas finales de tu vida y tienes que ser congruente con ella. Tus capacidades ya no son las mismas. Yo no quería ser un trauma a los sesenta y cinco. Diez años antes pensé que debía ir dejando cosas porque vas para abajo. Mi mamá en sus últimos años de su vida me llegó a decir: «*Mijito, esto ya no lo puedo hacer, por más que quiera o que me esfuerce*». Esa pérdida de capacidades físicas e incluso mentales, me las grabé. Ese es un paso natural. Yo me he alejado de los grupos por cuestiones de edad y generación. Lo tengo claro: ya es tiempo de que vengan otros. En los últimos años vi el lucimiento de algunos de mis compañeros, el poco compromiso, el oropel, la forma, no el fondo. Y sí, tengo que afirmar que éste no es el CETYS al que yo entré. Eso sí me pega.

Jubilarse es una aspiración de la vieja guardia. Disfrutar el fruto de las aportaciones que durante tu vida laboral fuiste haciendo. Aun sabiendo que todavía puedes ser útil, con capacidades y conocimientos suficientes, es hora de tomar las cosas con calma y disfrutar de todo aquello que pudimos haber dejado de lado, por compromisos de trabajo. Viajar en temporada baja, por ejemplo.

En el epílogo de la reflexión, cambia la orientación de la conversación para pasar del pasado-presente, al presente-futuro. ¿Te retiras de la profesión docente?

No, me retiro del CETYS. Dejar de un plumazo lo que has hecho en cuarenta años, es muy difícil. Y en ello pesa, porque sí pesa, que los últimos años me siento abandonado, con poca comunicación, ni siquiera te piden tu opinión. Me siento completamente excluido de decisiones, incluso curriculares. Pienso seguir en esa parte de la tarea de un profesor: estudiando, aprendiendo y compartiendo. Ya veré los días por venir.

Si yo veo la profesión solo desde el punto de vista económico, siempre estuve mal. Pero la docencia como profesión no se ve solo desde ese ángulo. Si hubiera habido una posibilidad laboral muy fuerte en otra parte, quién sabe lo que hubiera decidido.

Notas desde la bitácora personal

Creo que sería oportuno decirle al maestro Oviedo que nunca somos los mismos. La ecuación del tiempo y los años vividos nos hacen ser otros, tanto a las personas como a las instituciones. Como parte de esa natural condición de crearnos estigmas, solemos afirmar: «*No es la Universidad que yo conocí; todo ha cambiado, no necesariamente para bien*». A los docentes que se jubilan, les queda esa última respuesta, esa condición de defender la plaza que fue suya por largo tiempo y que ahora tienen que dejar.

Luis Oviedo deja traslucir en sus reflexiones que desde que se creyó el papel de profesor universitario, en 1985, cuando fue su empleo único, fue tejiendo una red de símbolos y complicidades con sus estudiantes tamizada por un principio: siempre los estuvo esperando porque dependió de ellos para sentir que no había traicionado ni sacrificado su profesión de origen: la contabilidad. Termina con una dosis de frustración hacia la Institución, y concretamente hacia un grupo que conforma una parte de ella.

Por otro lado, también es necesario advertir que, si bien su tolerancia fue disminuyendo con los años (a la autoridad, a las políticas docentes, a la normatividad y cambios curriculares, incluso al nuevo ADN de esta generación de estudiantes), su sentido de la responsabilidad, la creatividad que lo inspiraba para diseñar una clase innovadora, y ese arraigado compromiso por lograr que los alumnos supieran sacar un balance, se mantuvo sin concesiones durante casi cuatro décadas.

Dice, como para tener una defensa final que explique su permanencia en CETYS, que de haber tenido una buena oferta laboral se hubiera ido. Se engaña por completo. Si bien es cierto que maestros como Oviedo Villavicencio no nacieron para enseñar (¿acaso habrá alguno que sí, sin considerarlo un mito?), descubrieron ese trabajo de artesanos y ya no pudieron prescindir de él. Afirmo que no, que no se hubiera ido. La docencia le estaba esperando y, al cabo de los años, no lo dejó ir.

Queda ahora esperar si algunos de esos estudiantes de esas veinte generaciones de contadores que lo eligieron padrino de generación, van construyendo los cimientos de una narrativa, tan real como imaginaria, de lo que fue e hizo su maestro Luis Fernando Oviedo, es decir, el mito de su profesor de Contabilidad Administrativa. Los menos, los que lo consideren un profesor que pervivió en las paredes de un pozo, tendrán su propio relato. Insostenible a todas luces.

El primer abalorio en la historia del profesor
MIGUEL ÁNGEL ZABALZA BERAZA

De la escuela pública al seminario

«(...) ***P****rimero a Larrasoaña; dos años después a Saigós, un pueblo de siete casas. Ahí permaneció mi familia una buena cantidad de años. Asistí a la escuela en Larrasoaña y después en Saigós. Caminaba a Zubiri, el poblado donde estaba la escuela, un kilómetro y medio de ida y otro tanto de regreso. Mis padres nunca jamás se cuestionaron que yo fuera a la escuela. En mi región, eso era impensable. Mi escuela estaba muy integrada en su entorno. Se sentía muy comprometida con el desarrollo general de los niños y niñas. El currículo que desarrollábamos estaba muy centrado en lo nuestro, en las cosas que había en la región. Aprendíamos desde la experiencia de lo que ahí acontecía. Todo eso se perdió, al menos en parte, cuando llegaron los libros de texto que uniformizaron la enseñanza».*

6

El profesor caminante: Los pasos de *Miguel Ángel Zabalza Beraza*

Desde Platón, el recuerdo es una forma de conocimiento: no nos adentramos en lo que pasó para revivir lo que ya sabemos, sino para reconocer algo nuevo.

JUAN VILLORO (2023)

El libro más reciente de Miguel Ángel Zabalza Beraza (2024), *Leer la vida… a través de un blog*, es como lo ha titulado. Inicia con una cita por demás afortunada de uno de los más grandes escritores nacidos en América Latina, Gabriel García Márquez (2002, p. 1): *«La vida no es la que uno vivió, sino la que uno recuerda y cómo la recuerda para contarla»*. «Desde luego, no deja de ser verdad que, a medida que el futuro se te va agotando, intentas tomar fuerza desde el pasado. Comienzas a valer más (para ti mismo y para los demás) por lo que fuiste que por lo que serás» (Zabalza, 2024, p. 8).

En un fluir de abalorios en el que se constituye su vida profesional, el profesor Zabalza ha sabido que uno de esos objetos, en sí mismo, tiene poco valor, pero la suma de muchos —cosidos o pegados en diversas telas—, pueden crear una prenda que adquiere un valor único, particular. La labor ya la hizo, y eso lo obliga a llevar la memoria al pasado, pero ante personas que saben vivir y contar lo vivido, el verbo también aplica para lo transicional: la hizo, la sigue haciendo.

Cincuenta años de trayectoria en el campo de la educación universitaria puede ser definida, explicada e interpretada de tantas maneras como meses tienen esos años. En el caso de esta narrativa referida al recorrido biográfico-profesional de Miguel

Ángel Zabalza Beraza, la metáfora no puede ser otra: estamos ante un profesor caminante. Nacido en el año 1949 en Pamplona (Navarra, España), sitio donde inicia el famoso Camino de Santiago, fue de una latitud a otra hasta encontrar el cobijo en las apacibles calles y banquetas de Santiago de Compostela.

El hombre se mantiene en el sendero, incluso después de alcanzar el estatus de pensionado; ha caminado descubriendo, en un paraje y en otro; el profesor que ha sido se mueve y aprende, pues el paisaje mismo es una fuente de conocimiento; conforme va de una ladera a otra, de una vereda a otra, enseña, pues al que descubre y aprende y se emociona con ello, se le despierta la vocación del enseñante. El que camina por sendas, atajos y andadores empedrados, está en un movimiento constante y enseña, la hace una y otra vez, mientras la claridad del pensamiento y la energía se lo permitan. Miguel Ángel parece renovarse con los años.

Berisso (2015) pone un acertijo pedagógico, de suyo intrincado, en una forma bastante comprensible. Ante las contradicciones a las que nos lleva el frecuente arquetipo de que el profesor de buenos sentimientos enseña mal y que el malo enseña bien (la brillantez temática combinada con la severidad, la rigidez y no pocas veces la intransigencia, versus la suavidad en el trato, la cordura e incluso el afecto haciendo juego con la superficialidad del conocimiento), él busca superar ese doble filo entre la bondad moral (ética docente) y las habilidades pedagógicas, sujeto de alguna manera a esa pequeña joya de la buena educación: tener expectativas.

Berisso (2015) afirma:

> «Es preciso no renunciar a la búsqueda de un secreto eslabón de la práctica docente, donde la buena educación sepa conjugar eficazmente la mejor de las enseñanzas con la acción buena o éticamente justa» (p. 16).

En Zabalza Beraza, la bondad moral y las habilidades pedagógicas se encuentran en la misma latitud. Desprenderse casi desde el inicio de su práctica docente de la *pedagogía de la añoranza*, esto es, de aquel estilo de hacer docencia que pretende asemejarse al de su mejor maestra, no lo fue difícil porque sus formas nunca siguieron un patrón donde buscara ejemplos. Por otro lado, la lealtad hacia una profesión que reconoció como de relación humana, lo mantuvo con el testimonio y la responsabilidad en forma permanente.

Lo mismo que en las trayectorias de los otros profesores, en este caso la biografía explica muchas cosas. Vayamos a ello.

La escuela en Zubiri y los religiosos vocacioneros

Los conceptos orbitan en la mente de un profesor. Llegan sin hacer ruido marcando el comienzo de lo que, con el tiempo, hará resonancia. En Zabalza Beraza uno de esos términos que fue definiendo su producción pedagógica fue *la soledad*. En su biografía dará cuenta de ello, no una soledad personal que lo haya situado en el desamparo, sí la que vivió a través de la educación y de los ambientes a los que ella le llevaron.

> Una expresión de la soledad la viví en la época en la que trabajé en la educación a distancia. Soledad de los estudiantes. Los veía solos. Si entendían mal una cosa al inicio del curso, todo se iba al caño. Los tutores —antes y hoy también— trataban de controlar eso, pero no solían llegar al punto determinante. Yo veía que a los estudiantes les faltaba el conocimiento de qué es lo que tenían que saber y cómo debían saberlo. Vivir el proceso de aprendizaje en soledad me parece fatal. Lo padecí con mis estudiantes de la UNED y ello me llevó a pensar en qué podía hacer. Eso explica mi trabajo en las Guías didácticas (y, después en las coreografías) que empecé a desarrollar a partir del año 2000. En esas guías, mi idea es que un estudiante nunca esté solo, perdido; busco que sepa siempre qué es lo importante de una materia, que tenga indicios de si va avanzando en la dirección correcta. En cierta manera, que vaya despejando su soledad.

El andar de este profesor caminante en el mundo de la escuela inicia en un pequeño poblado navarro llamado Saigós. La soledad que sintió, años después, en su etapa de docente, no existió en su mundo infantil. Eso sí, da sus primeros pasos en una escuela que traía los resabios de precariedad que había dejado una guerra civil española que marcó a más de una generación, concluida apenas una década anterior. No acudir a la escuela no era opción, ello a pesar de que sus padres, siendo muy jóvenes y con estudios básicos, buscaban cómo tener alimento y cobijo permanente. Su comunión con la escuela se dio desde que pisó por primera vez un salón de clases.

> Soy el mayor de una familia de siete hermanos. Mis padres se fueron entrenando conmigo. Mi madre tendría dieciocho, mi padre veintiuno, veintidós años de edad. Gente joven sin muchos estudios, los básicos, con muchas ganas de hacer familia y con muy poca experiencia. Cuando nací, mi padre trabajaba como camarero en un bar y mi madre se dedicaba a los quehaceres del hogar. Una situación económica un tanto complicada. A los dos años nació mi hermana. Vivimos en Pamplona los primeros cinco años de mi vida. A esa edad, mi padre entró como trabajador de la diputación de Navarra, a darle mantenimiento a las carreteras. Eso nos fue desplazando de un poblado a otro, siempre en la misma zona de la provincia. Primero a Larrasoaña; dos años después a Saigós, un pueblo de siete casas. Ahí permaneció mi familia una buena cantidad de años. Asistí a la escuela en Larrasoaña y después en Saigós. Caminaba a Zubiri, el poblado donde estaba la escuela, un kilómetro y medio de ida y otro tanto de regreso.
>
> Mis padres nunca jamás se cuestionaron que yo fuera a la escuela. En mi región, eso era impensable. Mi escuela estaba muy integrada en su entorno. Se sentía muy comprometida con el desarrollo general de los niños y niñas. El currículo que desarrollábamos estaba muy centrado en lo nuestro, en las cosas que había en la región. Aprendíamos desde la experiencia de lo que ahí acontecía. Todo eso se perdió, al menos en parte, cuando llegaron los libros de texto que uniformizaron la enseñanza.

Cuando el profesor Zabalza relata la historia de los religiosos católicos de la congregación de los Pasionistas que pasaban por las escuelas reclutando chicos para sus seminarios, conocidos en aquellos tiempos como lo vocacioneros, me hace recordar a Charles Dickens (1980) y su novela *Grandes esperanzas*. Pip, el personaje central, vive en la pobreza en un pueblo de Inglaterra sin destino alguno. Pretende el escritor decir que es feliz, pero también le crea una vena de inconformidad. De ese hilo se sujeta para inventarle un benefactor que lo hará caballero. Para eso precisa dejar el villorio, la ropa con la que se viste, la familia precaria que lo mantiene. Pip, se va por la vereda que lo lleva a Londres y ese mundo insólito lo transforma, sacude sus referentes y le genera otro cuerpo de valores. Sus expectativas poco o nada tienen que ver con el sitio de pantanos que habita.

Zabalza Beraza sale de su pueblo a los once años de edad. Sin embargo, sus ambiciones no estaban en volverse un caballero y forrarse de pesetas los bolsillos. En la pubertad, lo único que tenía claro era que en la escuela la pasaba muy bien, que aprendía sin grandes problemas, y que la huerta familiar con sus tomates, vainas y patatas, lo hacían feliz. De ser un gran pedagogo, un médico famoso o un arquitecto exitoso, nada de eso. Sin embargo, los vocacioneros tenían otra vida para Miguel Ángel. No eran los grandes benefactores, pero sí iban por los pueblos tratando de hacer un bien: llevar a los niños con capacidades manifiestas a un sitio donde se pudiera estudiar al mismo tiempo que se les construía un futuro.

> Dos tíos míos eran pasionistas, vocacioneros de Navarra. Uno de ellos, que nos conocía muy bien porque era primo de mi madre, en cuanto supo de mí, enseguida me tentó y me fui con él. Tenía once años. Salí de mi casa en 1960. Me fui de interno a un colegio que los pasionistas tenían en el País Vasco.
>
> Más de ciento veinte chavales de las provincias del entorno nos encontramos en aquel recinto para iniciar nuestros estudios. En aquella época, igual que ahora, había un montón de congregaciones religiosas. Supongo que en cada una de ellas sucedía otro tanto en el inicio de cada curso. Para muchos de nosotros, ésa fue nuestra fortuna. Volvía a casa en vacaciones. A mi madre le venía bien. La verdad es que desprenderme de mi familia no lo recuerdo mal. En este último año, he recuperado amigos que formaron parte de aquel grupo. Muchos de ellos guardan un recuerdo doloroso de aquellos momentos. Para ellos aquello fue como un secuestro personal. Sin embargo, yo lo recuerdo con buenas sensaciones. Pesaba, desde luego, el no tener el cuidado de la familia, y eso ocasionó que muchos dejaran el colegio. Sobrevivimos alrededor de ochenta el primer año.

¿Será una tontería retener a este chico aquí?

———————————

Los vocacioneros no se habían equivocado con Miguel Ángel Zabalza. El *shock* que trae a los once años de vida el estar lejos de la cotidiana experiencia familiar, lo superó por su interés en los libros. Y ello ocurrió solo con él, porque ninguno de sus seis hermanos aceptó el pago de irse a un internado para seguir estudiando. Estudiar significa vivir para el futuro y probablemente ellos querían traer dinero en los bolsillos. El bachillerato lo cursó en otro colegio pasionista, en la ciudad de Vizcaya, igualmente muy lejos de su casa. Ahí vio cómo las resistencias de muchos de sus compañeros se iban doblegando ante la disciplina, la soledad, el misterio del futuro, la incomprensión, incluso, frente a esa dualidad tan propia de los misioneros: educar desde la religión y la ciencia.

> Mucha gente se fue yendo y regresando a su casa. Del grupo original, acabamos el bachillerato de seis años (a nuestros diecisiete años) alrededor de veinte. Luego hicimos un año de noviciado. Lo pasamos en un santuario y fue un año duro; pero para mí, hasta entretenido. No tenía problemas de fe ni cosas por el estilo. Dirigí una revista, era un buen estudiante; hice los votos como estaba previsto…nada… la pasé sin conflicto. Después de ello hicimos el preuniversitario, en otro centro pasionista, y, al acabar, nos fuimos a examinar a un instituto público de la ciudad de San Sebastián con la intención de acreditar los estudios hechos con los frailes. De los dieciocho, lo aprobamos por completo tres. Así concluí una larga etapa con los religiosos.

Miguel Ángel regresa a pasar el verano con sus padres en Tafalla, lugar en el que entonces residía su familia. Dispuesto a trabajar, se encontró con un perito mercantil que lo empezó a capacitar en el mundo de los números y del comercio. Dos situaciones le entregan un pasaporte para lo que años después sería su forma de vida en la universidad. La primera es el desprendimiento de su relación con la congregación religiosa; la segunda, lo que ese perito vio en la cabeza del muchacho. Zabalza lo tiene muy fresco en la memoria.

> Dejé el seminario sin grandes traumas y de una forma, si se quiere, hasta algo original. Mandé al director del colegio una postal donde les decía: «*Ya no voy a volver*». Así, simple y concreto. Algunos de mis compañeros tuvieron que hacer unos procesos terribles. Yo no, solo con una postal y un mensaje breve. Sin grandes traumas, igual que pude decidir volver, decidí que me veía

más como un ciudadano normal que como un futuro sacerdote pasionista. Y eso fue lo que hice. En Tafalla, además de ayudar en un bar, estudié de manera informal con un perito mercantil al que le encargaron prepararme para un empleo en ese ramo. El tipo se dio cuenta que era muy listo y habló con mis padres: «*Es una tontería que tengan a este chico aquí*», les dijo.

Haya sido esa expresión una alabanza a sus capacidades, o una intención no tan clara pero sí que reverberaba en la conciencia de Zabalza, que el muchacho se armó de valor, pidió una beca y fue a Zaragoza, a la Facultad de Filosofía y Letras, a buscar un sitio para él. El año escolar había iniciado, pero lo aceptaron como oyente, algo bastante usual en esa época. Estudió, presentó los exámenes finales, los aprobó y, para el segundo curso, ya estaba formalmente inscrito. El otro hito que marcó su destino, además de los dos anteriores, se lo encontró en Zaragoza. La soledad de otro tipo, más ligada a la orfandad, sacudió su humanidad en esos años.

Estando en la universidad, tuve contacto con un compañero de clase, perteneciente a la congregación de los terciaros capuchinos. Ellos dirigían un reformatorio que estaba en Zaragoza. Como es de suponer, allí estaban internados muchos chicos con problemas de conducta. Los frailes los atendían y educaban. Mi compañero que era el encargado de ese centro, viendo mi talante y condición económica, siempre en el límite, me propuso que me fuera a colaborar a ese lugar. El pacto se selló con esta frase: *Va lo comido por lo servido*. Viví en el reformatorio y la hice de educador, cuidando a los internos y ayudando a resolver los problemas que se iban presentando. Así no tenía que pagar una residencia. Trabajaba, comía y dormía allí, y estudiaba en la Facultad de Filosofía y Letras.

Lo comido por lo servido representaba un buen trato. El adicional venía con el aprendizaje experiencial que adquiría estando en contacto con esa población de desamparados. Seguramente les enseñó más de algún conocimiento, aunque no lo explicita en la evocación de esa etapa de su vida. Y ese enseñar algo a algunos acentuó su idea de seguir caminando.

García Márquez (2002), en el libro ya citado, tiene un encuentro con su madre, corto, pero de gran significado. Durante día y medio en el que viajan al sitio donde vivió la familia, ella trata de convencerlo de que se pusiera a estudiar leyes, que eso haría feliz a su padre. Ante la pregunta final de ella (*Entonces, ¿qué le digo a su padre?*), García Márquez (2002) zanja la conversación con una frase contundente: «Dígale que lo quiero mucho y que gracias a él voy a ser escritor (…) Nada más que escritor» (p. 123). Quizá el padre de Zabalza Beraza no lo espoleaba para que fuera sacerdote, médico o abogado; quizá estaba contento con el ascenso escolar de su hijo; quizá intuía que viviría de la filosofía dando algunas clases o trabajando en alguna oficina gubernamental.

Probablemente una tarde de aquel verano, Miguel Ángel le dijo a él y a su madre que se iba de nuevo de casa, esta vez a buscar el conocimiento con el que pudiera enfrentarse a la vida laboral. Su padre festejaría la decisión.

La Psicopedagogía y Madrid

Con la filosofía y las letras no le alcanzaba para lo que él buscaba. Su inconformidad intelectual lo llevó a plantearse estudiar algo que no existía ni en la Universidad de Zaragoza ni en ninguna otra universidad de España: la Psicopedagogía.

> Terminando en Zaragoza, decido irme a la Complutense de Madrid. Tampoco tenían la carrera de Psicopedagogía, por lo que opto por hacer Psicología y Pedagogía de manera simultánea. En el Colegio Mayor donde yo residí, eso de estudiar dos carreras en simultáneo era cotidiano, así es que no me resultaba difícil. En mi caso, la Psicología fue el plato fuerte, con una gran cantidad de conocimientos novedosos para mí. La Pedagogía, que cursé en horario nocturno, estuvo, inicialmente, en un segundo nivel, o quizás lo que sucedió es que la entendía mucho más rápido. De hecho, me hice docente porque un profesor que tuve en Pedagogía, un año antes de terminar la carrera, me dijo: «*Si te apetece, apenas termines, te quedas con nosotros*». Al día siguiente de terminar, ya tenía trabajo.

Las ideas que se nos van enquistando en la razón, vienen de algún sitio, sean de ficciones que nos creamos o de hechos que nos impactan. Con Zabalza Beraza no es difícil descubrir los enigmas.

La conversación los transparenta. Lo mismo refiere a los mitos, esos sucesos extraordinarios que forman parte de la biografía, que, a los pozos, los sitios oscuros donde parece haber solo vacío y silencio. Los mitos y los pozos de este profesor lo llevaron a la creencia de que a través de la psicopedagogía podía echarle mano a uno de los fines de la educación: hacer el bien.

Yo tenía en la cabeza lo de la Psicopedagogía porque **siempre pensé la educación como una forma de ayudar a la gente.** El reformatorio de Zaragoza y mi trabajo allí fortaleció esa idea. Allí había chicos y adolescentes con problemas psicológicos, sociales, culturales y educativos, y era importante saber verlos desde esos campos científicos. En el seminario tuve un compañero que decía que su frustración es que quería ser santo y luego se vio expulsado. Yo no quería ser santo, quería ser obispo, algo más pragmático. **Esa idea de querer dedicarme a la educación, la he tenido siempre.** Nunca pensé ser economista, arquitecto. Sí me hubiera gustado estudiar medicina, pero entendí, equivocadamente, que yo no podía hacer Medicina porque requería un bachillerato de ciencias y yo lo había cursado en letras.

Poco señala el profesor Zabalza sobre aquellos años de formación universitaria. Más allá del verticalismo en los procesos de enseñanza-aprendizaje, reconoce a maestros de la Psicología muy fuertes en el conocimiento, más aún que los de pedagogía. En general, refiere a la dignidad del profesorado. Unos mejores que otros, para nada que ameritara parones o huelgas. Buenos años aquellos donde vivió un buen ambiente familiar con sus compañeros. Egresa de ambas carreras con veinticinco años y con un proyecto en la mochila que, probablemente, es el que mayor impacto le ha causado. La soledad, la desigualdad, la orfandad, la carencia de oportunidades, le saltan y le demandan una respuesta ética, lo mismo que una estrategia pedagógica y psicológica. No había manera de evadir el problema y él le hizo frente.

En Madrid viví en un Colegio Mayor. Los colegios mayores tenían mucha tradición en España. Eran residencias de estudiantes avaladas por la universidad. La mochila que uno lleva le va funcionando a veces. El director de mi colegio mayor era un ex-marista, psicólogo, que estaba muy metido en temas de apoyo social. Con él entré a trabajar en un barrio de gitanos. Iba allí cada fin de semana, aunque pasé un año entero en el que no me habló casi nadie, ¡en un año!, pero me fueron aceptando poco a poco.

Habiendo sentido esas condiciones de marginalidad, al día siguiente de egresar, llevé a vivir conmigo a casa a seis chavales de un reformatorio de Madrid. Fue una idea que gestamos entre varios psicólogos. Queríamos crear hogares funcionales para niños que tenían modos de vida complicados, con no pocas desventuras acechándoles. Al principio de los setenta, el concepto de des-institucionalización permeaba en las discusiones universitarias. Eso significaba plantearse que los *locos* salieran del manicomio; que los presos salieran de las cárceles; que los adolescentes problemáticos ya no estuvieran en los reformatorios. Queríamos crear situaciones normalizadas. Llevarlos a un piso donde vivieran como los niños de ese barrio, con oportunidades, en un ambiente familiar y acudiendo a la escuela, vida normalizada. Seleccioné a los que peor funcionaban dentro del reformatorio y los llevé a vivir conmigo. Me fui a un piso y me encargué de que vivieran, comieran.

¿Cómo hacerle para darles retazos de vida y oportunidades a seis chavales que no tenían signos de futuro? Zabalza Beraza empezó en la Complutense como un profesor de horas, con un salario marginal, que podía alcanzarle para él, pero no para una familia *sui generis* de siete integrantes. Recuerda que algunas familias benefactoras le daban dinero para que la experiencia no colapsara. En pleno desarrollo del proceso contrae matrimonio y tiene a su primer hijo. Ello modifica en algo la experiencia y se ve obligado a rentar un piso aparte, pero seguía actuante en el proyecto.

A los dos años de estar con esos chavales y ya con nuestro hijo, mi esposa y yo optamos por rentar un piso y pasar el compromiso de vivir con los niños a otra compañera que ya nos venía ayudando. Traíamos otro ritmo familiar. La experiencia duró cuatro años. Ese tipo de voluntariado atendiendo a niños problemáticos nos marcó mucho, en lo bueno y en lo malo. Algunos rompieron ataduras y siguieron, hasta alcanzar carreras universitarias. Otros, lamentablemente se quedaron. No faltaban los problemas, desde luego. Yo tenía una motocicleta y ellos me la robaron; se me escapaban constantemente y yo les perseguía por los prados hasta encontrarlos y volver con ellos al piso. Todo iba bastante bien, hasta que apareció la droga. Y entonces, todo se fue al carajo. **La droga es invencible. Contra ella, un educador, nada puede hacer.** Por ello dos murieron de sida, cayeron y no pudieron salir.

Esa certeza no es una ficción, es una verdad dolorosa: un educador poco o nada puede hacer ante un problema de drogadicción. La cabeza del drogadicto está en un mundo paralelo donde no caben los libros, las novedades en el conocimiento, la gestación del principio esperanza. A los veinticinco años Miguel Ángel inició formalmente la caminata de la docencia universitaria. Un primer año complejo en la Complutense como profesor horista. Fue un momento de tránsito en la universidad española. De cursos comunes a varias carreras, se pasó a una estructura diferente y diferenciada. Los grupos muy grandes disminuyeron en volumen y en número. Al disminuir los grupos de docencia en las materias comunes, comenzaron a sobrar profesores y eso lo llevó a trabajar en un espacio novedoso: la educación a distancia en la Universidad Nacional a Distancia (UNED). La experiencia fue afianzando las razones y las emociones que lo llevaban a caminar por esa profesión.

Siendo una persona joven, para mí enseñar fue algo muy fácil, no tenía dificultades ni en la organización metodológica, ni en los contenidos que iba a explicar. Ese primer año que estuve en la Complutense como profesor, me tocó que la administración fusionara planes de estudio y generaron materias comunes para todas las carreras. Yo daba clases a los grupos M y N, con 60 estudiantes en cada uno. Una marabunta de estudiantes. Aquello era de locos. Al siguiente año las cosas cambiaron. Hubo menos trabajo y yo tuve que buscar otras opciones.

Me llamaron a trabajar de la UNED. Desde el primer año diseñé los programas de didáctica que se iban a estudiar. Sabía mucho de las cosas que estaba enseñando. Fueron cuatro años sin estudiantes presenciales lo cual eché mucho de menos. Con los alumnos teníamos relaciones a través de los exámenes. Complementé mi trabajo en la UNED con unas cuantas clases en la Universidad de Comillas, ahí sí presenciales. Era un profesor horista. Esto fue entre 1974 y 1978, cinco años.

El peregrino que encuentra su oasis: Santiago de Compostela

A pesar de estar metidos en una buena cantidad de actividades, el profesor Zabalza y su esposa sienten punzadas de soledad, la que genera la distancia geográfica entre los miembros de la familia (ellos y su hijo en Madrid, la familia de ambos, una en Galicia y la otra en Navarra). Un tanto sujetos al azar, un día se entera de que un amigo que tenía horas en la Facultad de Filosofía y Ciencias de la Educación, en la Universidad de Santiago de Compostela, las dejaría. *Si te apetecen, te las ofrezco*, le dijo. Sí le apetecían, por lo cual no lo pensó dos veces y aceptó la propuesta. Al siguiente ciclo era ya un profesor en Santiago de Compostela, la ciudad enigmática donde finaliza el peregrinar de los que recorren el Camino de Santiago.

> Llegué a la Facultad de Filosofía y Ciencias de la Educación como profesor ayudante. Mi esposa se quedó un año más en Madrid mientras buscaba dónde acomodarse en Santiago de Compostela. En ese tiempo, me titulé de doctor con una investigación sobre el autoconcepto y autoestima de los muchachos desadaptados. Era un tema que a mí me interesaba mucho.
>
> Una vez logrado el grado, salió la plaza para profesor titular, y había que presentarse a un examen en Madrid. Había un solo espacio, pero superamos los exámenes cinco candidatos. Después de un juicio en el que reclamamos el derecho por la plaza, nos la dieron a los cinco. En dos años más hice la oposición para ser catedrático de Didáctica. Lo logré a los treinta y cinco años, siendo el profesor más joven en España en esa área. Después de eso, me dediqué por completo a la vida de la Universidad.

Pensar que todo fue miel sobre hojuelas es concebir la vida en un solo horizonte, con una sola vereda. Eso no es así en ningún caso. Al profesor Zabalza le costó trabajo derribar obstáculos. Los que dependían de él, de sus conocimientos y capacidades, mucho menos, como ganar los concursos para escalar en el sistema de desarrollo de profesorado de España. Compleja fue su llegada a la Facultad, por el ambiente y un tanto la segregación. No siendo nativo de Galicia, se le vio como un «extranjero» en tierra propia.

> La comunidad autonómica de Galicia, sobre todo en mi facultad de Filosofía y Letras, era una zona particularmente intensa, muy politizada, en el sentido nacionalista (Galicia, gallego). Había una tendencia a obligarte hablar en gallego, a hacer las cosas en gallego, a hacerte militante. Me echaron el saco de que era del *Opus Dei*, porque venía de Pamplona y probablemente por mi pasado ligado a la formación religiosa. Otros decían que no hablaba gallego y que venía a quitarle el puesto a un profesor local. Me pasé un año

completo sin hablar en la facultad, sin interactuar con el claustro, pero a su vez, tenía la ventaja que venía bien formado, porque más de alguno había sido seleccionado por ser gallego, y no por el conocimiento que tuviera sobre una materia determinada.

El estilo de hacer docencia

Un estilo muy peculiar, basado en tres fortalezas: la relación de alto impacto con los estudiantes; el conocimiento adquirido a lo largo de una sólida formación donde se combinó la disciplina con el gusto; y la capacidad creativa. El profesor Zabalza Beraza deja entrever en su reflexión biográfica esos tres componentes que lo definen como docente universitario. Los refiere no desde la idea, la intención o el deseo, sí desde las evidencias, incluyendo una temprana decisión de conectarse con el mundo académico de Europa, algo que no hacían muchos de los profesores universitarios españoles en las décadas de los setenta y ochenta.

Hay una primera etapa de mi labor como profesor muy interesante. Lo recuerdan algunos de los alumnos. Yo era muy... raro. Hacía cosas que nadie hacía. Recuerdo, por ejemplo, una experiencia: organicé con mis estudiantes de cuarto año de Educación un campamento de verano con unos chicos de un centro de menores de una ciudad próxima, Ourense. Muchos de ellos no podían volver donde sus familias para pasar el verano y nos ofrecimos a ir con ellos y atenderlos en un campamento que pertenecía al gobierno de la provincia, en una playa. Fueron quince días (¡quince días!) de tensión pedagógica para mis estudiantes y de disfrute colectivo para los chicos. Lo que nos preguntábamos para convencernos de lo valioso del proyecto fue: si todo el mundo tenía vacaciones, por qué ellos no, ¿Quién dice que no tienen derecho a disfrutar unas vacaciones unos muchachos internados por problemas de sus familias? Pues conseguimos los permisos y los llevamos a un campamento. Para los que estaban estudiando Pedagogía conmigo, eso fue un bautismo de sangre. Soportar las presiones, el mal comportamiento de algunos, atenderlos día y noche. Una experiencia fantástica.

No solo eran ese tipo de proyectos que le venían de las experiencias que había vivido desde el Colegio Mayor o incluso en su paso por la Universidad de Zaragoza. Era la inquietud de un caminante que le gustó el descubrimiento de las cosas, y que ello le llevó a saber que el aprendizaje tiene formas variadas y que van mucho más allá de la buena exposición de un profesor que posee un sólido conocimiento de una ciencia.

Toda la vida fui un profesor muy inquieto, insatisfecho, si se pudiera utilizar el término. Participé en diversos movimientos de innovación educativa. Luego, no sé, a mis alumnos les hacía trabajar bastante, y eso era una novedad para ellos. Trabajaban mucho, pero siempre con un sentido, que venía de clarificar esas dos preguntas que estuvieron presentes en mis ideas de profesor: qué se debe saber, y cómo deben saberlo. Me gustaba crear cosas. No sé si era inquietud, emoción.

De lo que sí me daba cuenta es de que mis clases eran diferentes: me sentía seguro porque los temas que trabajábamos los dominaba y había hecho yo mismo los textos. Tenía un conocimiento sólido y novedoso. Despertaban curiosidad en ellos las cosas que les iba contando. Además, fui muy internacional. Me vinculé a Europa y participaba en reuniones, en congresos...les traía noticias y conocimientos frescos. Quizás eso fue lo que me salvó un poco en ese sentido.

Debía ser un profesor con un sólido conocimiento y eso nos lleva al terreno de la investigación. Miguel Ángel ha sido un profesor creativo desde la didáctica, un lector profundo, un escritor infatigable de los temas educativos y, por tanto, un investigador que ha transitado desde la educación infantil hasta la universitaria.

Aquí en España es bastante común atender la docencia y hacer investigación. Ahora mismo debo haber participado como autor o coautor en más de cien libros, y cuatrocientos o quinientos artículos y conferencias. Escribir ha sido una parte relevante de mi vida.

En 1985 hice un texto sobre Diseño Curricular que todavía se está utilizando como texto básico tanto en España como en Iberoamérica. Los pedagogos de mi generación, menos especializados que los que egresan ahora, hemos tendido a ser tipos «todoterreno» que se mueven de unos ámbitos temáticos a otros. Caminantes en el mejor sentido de la palabra. Por eso he transitado desde la educación infantil a la educación superior, y por distintos tipos de temáticas docentes. Y luego, los proyectos de investigación. Casi siempre me ha tocado capitanearlos. Temas muy prácticos, por ejemplo, los diarios de clase. Y, también, grabaciones de clase para analizarlas con los profesores. Mis intereses pedagógicos han evolucionado al socaire de la evolución familiar. Cuando mis hijos eran pequeños, trabajé sobre la educación infantil; cuando cursaron la secundaria, me interesé por los distintos periodos de ese nivel; y cuando llegaron a la universidad, me metí ahí y ya no salí. De esa manera, además de los libros y revistas, tenía información de primera mano de lo que ellos me contaban y así podía contar cosas reales, de las que ellos vivían.

En el derrotero creativo e investigativo de Miguel Ángel Zabalza están las Guías didácticas y los Diarios. Ambos son ofrendas de un caminante que encontró una veta en el mundo de la educación, y la sigue explotando. Las guías, como le he argumentado, vienen de esa rabia que surgía al ver a los estudiantes perdidos, extraviados en la soledad de un texto, de una actividad didáctica o una intención de aprendizaje difusa. También de la creatividad y de la inteligencia que le permite descubrir espacios sin ocupar. De alguna forma, la soledad se extiende a las sensaciones que le escurren por la piel cuando hace referencia a lo que hoy ve en las instituciones de educación superior en Iberoamérica.

Con respecto al profesorado, yo esto lo he vivido mucho, a nivel personal (un año entero sin hablar con nadie). Veo que uno de los grandes problemas que tenemos en la enseñanza universitaria es que el profesorado está trabajando a solas y eso genera muchos problemas tanto profesionales como personales. Me explico: así como hay mucha transferencia de conocimientos y práctica en las investigaciones, porque se hace en equipo, eso no sucede en la enseñanza porque ésta la hacemos solos. Y eso es lo que nos mata. Uno cree que lo está haciendo bien pero no es así, y quedas condenado a tu propia historia de docente solitario.

Poca transferencia de capacidad docente, aprendemos poco de nuestros colegas. Lo he vivido en Iberoamérica. Solo por ejemplificar. Cierta vez daba un seminario en Brasil, a profesores de educación básica, creo recordar. En un momento, una profesora levanta la mano y cuenta su experiencia. Tenía dos años intentando trabajar con una niña sorda y no conseguía nada. «*Me estoy volviendo loca, de verdad, no encuentro soluciones*», dijo en tono desesperado. Mi respuesta fue: «*Si crees que es tu problema, nunca lo vas a resolver. Convierte esto en un problema del colegio, llévalo a nivel colegiado, implica a los otros, en el problema y en la solución*».

Hay algo en la práctica docente del profesor Zabalza que pareciera la mosca cojonera. Se liga ello a un debate no superado sobre lo que los estudiantes investigan y escriben, y las maneras libres o las manías meticulosas que eligen los profesores a manera de trabajos finales o evaluaciones de cursos. La escritura como un mecanismo para desarrollar capacidades, pero, en el caso de él, con criterios peculiares.

¿Qué te cuento de la mosca cojonera? Ahí tienes los exámenes de profesores para titulares y catedráticos. Que me da a mí por pensar que la gente recopila textos ajenos en exceso. Una tesis llena de citas, de referencias, de las cosas que dicen los teóricos. Y luego yo les digo: ¿y dónde estás tú? ¿Dónde está tu originalidad? ¿Dónde está esa vertiente, si se quiere artística-creativa, del que escribe? Trato de transmitir expectativas altas con respecto a ello. Los estudiantes conmigo tienen que escribir mucho.

Siempre les mando escribir en clase y para la clase. Un día, tras que leyeran lo que les había pedido, les reconocía que escribían muy bien, y se los dije: «¿Os dais cuenta de que escribís muy bien?». Una estudiante se levantó y expresó: «Oiga, ¿y por qué nadie nos lo dice?; nadie nos dice que escribimos muy bien». Y tenía razón, los profesores nos fijamos más en lo que no saben hacer que en aquello que sí logran hacer bien, aunque sea con esfuerzo. Soy partidario de escribir y de que escriban. Entiendo que escribiendo racionalizan y piensan las cosas que tienen que aprender.

La Universidad de hoy y el hacer del profesor universitario

La mirada de Zabalza Beraza sobre los problemas de la universidad, son coincidentes con las de otros muchos colegas. Acaso muestra su desacuerdo cuando la mayoría de esos males se atribuyen al estudiantado, en el sentido de que cada vez leen menos, escriben menos, se comprometen menos (Zabalza, 2023). Ponerse la coraza y dejar de ver lo que acontece, no es la solución. Si entendemos la responsabilidad que emana de las funciones de un profesor universitario, habría que mirar al colectivo, buscar la colegialidad, hacerle como otras profesiones que de manera natural transfieren y comparten conocimientos. Lo que ve este profesor después de andar por todas las veredas por las que puede caminar un profesor que siempre estuvo insatisfecho estando profundamente satisfecho, es una suerte de perfil de profesor universitario.

Si me pongo reflexivo sobre lo que debe ser la educación a estas alturas de mi vida, podría concentrar la nota en tres aspectos. Una idea básica para mí son las personas y los sujetos como agentes educativos. Se argumenta que los profesores son profesores y los estudiantes, estudiantes; pero eso, siendo verdad, ha resultado una versión insuficiente. **Ahí está la persona**, no solo alguien que estudia, no solo alguien que enseña. La universidad tiene que ser entendida como espacio de vida y de encuentro entre personas. Siempre hay un sujeto detrás. Las universidades que desatienden el factor personal para centrarse en las tareas y logros exigibles son fuente de mucho estrés y competitividad, y se está perdiendo parte de lo que el humanismo nos podría dar. Por ello insisto últimamente sobre el tema de la salud mental, sobre la necesidad de que las instituciones educativas sean espacios saludables para todos lo que transitan por ella.

El otro tema es la **colegialidad**, por eso las coreografías. El tema de la soledad está vinculado a ello. Se tiene mucha dificultad para diseñar y sacar adelante proyectos realmente institucionales. Algunos, incluso niegan que la institución exista; dicen que los que existen son los profesores, cada uno de ellos desarrollando su trabajo. Pero claro que existe la institución, y tiene una identidad y un protagonismo que va más allá de lo que hacen los docentes individuales. Éstos son incapaces de hacer cosas que dependen de la institución.

Finalmente, he pugnado en este tramo final de mi carrera profesional por una **pedagogía del cuidado**, del apoyo. La docencia no es una profesión de selección de personas, sino de apoyo. De intentar que cada uno se vaya desarrollando a su manera. Por ello el tema de la mentoría. El apoyo mutuo entre estudiantes grandes y pequeños, entre los profesores con trayectoria y los que se van iniciando.

Y de las deudas, lo que queda pendiente, los arrepentimientos, los desencuentros, las acusaciones, no hay nada de eso en la nota final de Miguel Ángel Zabalza Beraza. No podía ser de otra manera. Un profesor caminante que no se detuvo, y que con su andar aprendió y entendió mejor el mundo, no podría más que sentirse honrado por el trabajo realizado, satisfecho por la lealtad consigo mismo y con los sujetos que ayudó a formar, y por lo que la escuela y sus estudiantes le otorgaron en reciprocidad.

Vamos, me quedo con el lado romántico: creo en el valor de la propia educación. Los sociólogos nos dan informes que galopan en otra dirección, con variables económicas y otras cuyos datos parecieran ser contundentes: la escuela más que eliminar diferencias, las genera. Reproduce más que transforma la sociedad. Ellos trabajan con números, pero yo conozco otras historias.

La educación sí que es capaz de formar y transformar, para bien y para mal. Trato de convencer a mis estudiantes de que depende mucho de ellos mismos y de la manera como se planteen las cosas. **Yo le debo mucho a la educación.** Fíjate que si le debo que no soy capaz de jubilarme del todo. **Yo he vivido la profesión...la he vivido intensamente.** No consigo reposicionar mi existencia al margen de ella. Claro que sospecho que hay no poco de narcisismo en esa vinculación, porque uno tiende a pensar: «*Si tú lo dejas, nadie lo va a hacer tan bien como tú*». En mi caso, la escuela sí me transformó, y lo que yo he hecho por ella, me lo ha devuelto con creces. Soy Honoris Causa por dos universidades; recibo homenajes y lisonjas hasta más allá de lo que merezco. No me debe nada la academia, ni la universidad.

No me ha resultado tan difícil abandonar el espacio académico, lo que sí me está costando abandonar es la vocación, el compromiso, la afición por los temas y las tareas vinculadas a lo educativo. Eso no lo dejo.

No lo deja porque si lo hace, sería como dejar de caminar, algo imposible en su esencia de nativo de ese histórico Camino de Santiago.

Notas desde la bitácora personal

Termino de contar la historia de este profesor español, el profesor caminante, y me viene al pensamiento el principal cuestionamiento que hace Hirsch (2012) a las categorías educativas que denomina los principios del consenso, construidos bajo el paradigma dominante de la educación en estas primeras décadas del siglo XXI: la educación centrada en el aprendizaje del niño, el adolescente, el universitario, adecuadas a las etapas del desarrollo. Sostiene Hirsch (2012) que se obliga al profesorado a que:

> «(…) rechacen las prácticas representadas por palabras con una connotación negativa como "instrucción dirigida a toda la clase", "escucha pasiva", "libros de texto", "cobertura amplia", "aprendizaje memorístico de datos", (…) por el contrario, para que desarrollen prácticas representadas por palabras positivas como "aprendizaje práctico", "aprendizaje por descubrimiento", "menos es más", "responsabilidad del estudiante", "estilos de aprendizaje individuales"» (p. 4).

¿Dónde radica el problema? No en el rechazo de las prácticas consideradas como negativas y el hacerse de las positivas, sino en creer, sin un análisis reflexivo de por medio, que esa es la vía correcta para hacer educación, pues son preceptos de verdad que vienen de la autoridad y, por tanto, son incuestionables. Zabalza Beraza, en otra dimensión no explicitada en este apartado, aporta conocimiento novedoso a la Psicopedagogía, pero siempre sometido al debate público.

Sus planteamientos sobre la didáctica, la identidad del profesorado, el papel de los diarios, las mentorías, etc., forman parte de una vasta bibliografía que ha presentado y discutido en múltiples foros, congresos, coloquios, seminarios internacionales. El hombre podría sostener que el *aprendizaje práctico* es una buena vía para lograr los objetivos educativos, pero seguramente la afirmación la acompañará de una argumentación basada en la experiencia vivida y en un conjunto extenso de lecturas. Lo rescatable de todo ello, a estas alturas y con más de setenta años de vida, es la claridad discursiva que pareciera fortalecerse con los años.

Sostiene Zabalza (2018) en sus escritos sobre la identidad del profesorado universitario que, para determinar el estilo, las formas, las creencias en las que vivimos la profesión, se tendrían que atender tres dimensiones: **lo que somos como personas, lo que somos como docentes, y lo que somos como miembros de la comunidad universitaria**. Si nos adscribimos a ello, se entenderá que el trabajo de Miguel Ángel responde a un contexto histórico determinado, con muchos, muchos abalorios que se concatenan para formar una pieza artesanal de una singularidad que llama la atención. Sus respuestas vienen de su realidad concreta y situacional, de la cual he dado cuenta en este apartado.

EPÍLOGO

LOS PREGONES DE LOS PREGONEROS

1) Haré lo que se pueda, también lo que no se pueda

Si tuviese que hilar una primera conclusión del trayecto recorrido por los seis docentes que componen este libro, citaría a una frase categórica de Pérez Reverte (2023, p. 290) de su novela *Sidi*, atribuible a su personaje Rodrigo Díaz de Vivar.

Cuenta el escritor que cuando Sidi acuerda dar sus servicios de guerrero al Rey moro Mutamán, este le pregunta:

—*«¿Qué harás por mí, Sidi?»*
La respuesta del gladiador es contundente:
—*«Haremos todo lo que se pueda hacer… también lo que no se pueda»*

En múltiples pasajes de su andar por el mundo de la educación universitaria, estos académicos han hecho lo que se podía hacer, en el marco de los modelos educativos y de las políticas alusivas al profesorado, pero también, fueron capaces de hacer lo que no se podía hacer, en el sentido de la divergencia, de la creación, del descubrimiento de una línea de trabajo, de la invención de estrategias pedagógicas.

Miguel Ángel Zabalza inventó las coreografías y ha hecho un banquete intelectual con ellas; Pedro Ortega ha leído de forma infatigable y ha escrito sobre pedagogía de la alteridad como nadie; Celestino Fernández hizo una didáctica de los corridos mexicanos y llevó a un nivel de debate teórico y educativo, el concepto de la felicidad; Raquel Goldsmith descubrió la injusticia de la migración, y particularmente la vulnerabilidad de la mujer, y conformó más de alguna asociación que abogara por ellas; lo mismo hizo José Moreno Mena.

Es decir, no fueron profesores domesticados por los rasgos abrasivos del sistema universitario moderno. No, aun estando dentro de esos rasgos de la cultura universitaria de estas décadas. El carácter y la voluntad nos llevan a hacer ciertas cosas que parecen infranqueables. Ellos pasaron múltiples veces esa muralla.

2) Los prolegómenos de la profesión. ¿Quiere enseñarme?

En las historias narradas, hay una pregunta común que todos abordan desde el despliegue de la memoria: ¿cómo se hicieron profesores? Salvo Zabalza Beraza y Ortega Ruiz, cuyos estudios universitarios tuvieron a la educación como uno de sus escenarios de estudio, el resto se fue acercando a la docencia en ese nivel un tanto por necesidad, por circunstancias, y por varios instantes de encuentro con el azar. En ese empírico momento de ser profesor, algún buen estudiante le preguntaría a uno de ellos: ¿quiere enseñarme?

Esta pregunta genuina: ¿quiere enseñarme cómo volar un avión?, ¿cómo armar un auto?, ¿cómo escribir una poesía?, puede generar varias consecuencias: hacer profesor a uno que no lo es, o hacerlo mejor de lo que es; en contraparte, podría evidenciar que no es un verdadero profesor, sino un empleado (malo) por cierto, de la universidad. Me sirvo de un relato que leo en el libro *Gambito de dama*, (1983), para ilustrar el punto.

A la niña de nueve años la atrapan las piezas del tablero de ajedrez. Baja al piso de mantenimiento del edificio y ve a un hombre cercano a los cincuenta años, calvicie incipiente, rollizo, vestido con overol de trabajador de mantenimiento, sentado en una silla, concentrado en ese tablero que despide un magnetismo particular.

En ese primer encuentro mira de reojo al hombre y al tablero y se concentra en la tarea de esa tarde: limpiar los borradores. Hecho esto, sube al salón de clases donde están el resto de sus compañeras. Días después regresa a realizar la misma operación. El hombre aquel, encargado de mantener en buenas condiciones el edificio, está en la misma posición, con los ojos puestos en el tablero. Ella expresa una sola frase, de una fonética irrefutable: ¿Quiere enseñarme a jugar? El sujeto ni voltea a verla, concentrado en saber a qué sitio tenía que mover a un peón. Solo cuando ella se marcha levanta la cabeza para verla de reojo. A la tercera vez que ella baja a ese cuarto medio en penumbras, ella vence la timidez de las desamparadas. Su mirada cambia por un segundo del temor corrosivo a una necesidad suplicante.

—*Eso es ajedrez,* le dice. *Hay peones, caballos, alfiles, torres, damas, se mueven en diagonal, van de un lugar a otro, dependiendo del jugador.*
—*¿Me quiere enseñar?*
—*Yo no enseño a desconocidas.* Él contesta desde su mundo de solitario.
—*No soy desconocida, vivo aquí, junto, con otras niñas. Quiero aprender a jugar.*

Y vuelve la demanda perentoria.
—*¡Enséñeme!* El tipo se la quiere sacar de encima:
—*Yo no enseño nada a nadie.*
—*Yo quiero aprender,* insiste ella.
—*¿Sabes lo que es el ajedrez?,* la reta él.

El detalle que lo hace ceder es que Berth, el nombre de la niña, es capaz de nombrar las piezas y de moverlas, por pura ensoñación.

El empleado aquel nada sabía de docencia. Sus habilidades residían en arreglar un baño, pintar un salón, reparar una puerta. No corría en una pista atlética, no jugaba futbol, no iba al gimnasio. Solo una afición lo entretenía en sus tiempos libres: el ajedrez. Le gustaba ese juego solitario. Lo hacía pensar en movimientos con tal profundidad, que se abstraía de ese mundo sombrío del orfanato en el que trabajaba. Hosco, rudo, casi intransigente, con una carencia para practicar la alteridad, cede el primer torreón:

—*Juguemos una partida*, le ordena.

Ella duda, dos segundos, él la amenaza:

—*Es ahora o nunca, siéntate.*

En la primera partida, él gana con facilidad. Berth se marcha herida por la derrota y esa noche su mente frenética busca todos los caminos que puede haber en el ajedrez. Para la tercera partida, la evidencia es incontrastable: el hombre está ante un prodigio del ajedrez, dueña de unas intuiciones que lo sacuden.

Todos los torreones se derrumban cuando ella le gana con relativa facilidad, en menos de veinte movimientos. Como para sacar su rabia la cuestiona:

—*Te burlas de mí, niña.*

—*No señor,* responde ella con un imperceptible gesto de una boca apretada que mantenía su alegría a buen recaudo.

Todo vestigio de duda y de resistencia caen hechos añicos cuando él vio la imposibilidad de ganarle una partida. Entonces sus sentimientos le permiten la primera hendidura emocional.

—*¿Usted cree que soy buena para el ajedrez?*, pregunta ella cuando concluyen los juegos de esa tarde de domingo.

Él se levanta y busca en un viejo mueble una pequeña botella de whisky. Toma un trago y la ve directamente, mientras ella acomoda las piezas en el tablero.

—*¿Cuántos años tienes, niña?*

—*Nueve, en noviembre cumpliré los diez.* Duda en decirlo, pero le apremia la emoción.

—*No solo eres buena, eres asombrosa... realmente asombrosa.* Luego coge un libro y se lo entrega.

—*Toma, tienes que leer esto.*

No hacía falta ser un educador para descubrir en esa niña solitaria y hosca igual que él, un talento en ciernes, incluso de alcances inimaginables.

¿Qué es lo interesante de esta anécdota? El que ella es la que lo hace ser profesor, y no él quién hace de ella una buena estudiante. Es ella quien, al demandarle conocimiento, detona en él una estrategia empírica y simple con la que entra al mundo de la pedagogía. Su lirismo lo lleva a darle un libro de ajedrez y le pide que lo lea. La transformación de ese empleado de mantenimiento en un profesor —en un enseñante, para ser preciso—, se va dando de manera gradual y con altibajos. Nunca le pregunta por qué era huérfana. Su relación gira en torno a un saber: la tabla de ajedrez. Sin embargo, un guiño del buen enseñante aparece casi al final de la novela. Él muere y ella va al orfanatorio buscando recuerdos y tratando de negociar con el malestar que le produce el no haberlo buscado en sus años de gloria como ajedrecista. Cuando baja al sótano, queda desarmada. El hombre tenía pegados en la pared sus propias medallas del éxito: recortes y fotografías de los múltiples torneos ganados por ella, eso que los buenos profesores se cuelgan en el pecho cuando saben de los logros de aquellos que fueron sus estudiantes.

Ninguno de los seis profesores de cuyas historias he narrado en este libro, señalan expresamente que tuvieron algunos estudiantes que les preguntaran: Profesor, ¿quiere enseñarme a ser el mejor alumno de finanzas de esta universidad? Pero lo que sí deja entrever la narrativa, es que desde los primeros años encontraron expresiones que le fueron dando sentido a su trabajo. Si bien ejercieron su actividad influenciados por el ejemplo de sus buenos profesores —lo que se vuelve más evidente en los casos de Celestino y Raquel, que detallan incluso los recursos pedagógicos utilizados por sus maestros en el bachillerato o la universidad—, es el reconocimiento de los alumnos lo que los hace enraizarse en una profesión que vive de esos éxitos cotidianos.

¿Quién, siendo docente universitario, no se ha encontrado alguna vez con esa pregunta y con el rostro de un alumno o alumna que le demanda llevarlo a otros niveles del saber?

Admito que es una pregunta que tiene un cierto olor de idealismo; admito también que al profesorado lo persiguen otros demonios que van desgastando la utopía que envuelve a la buena educación. Puede ser que un profesor universitario difícilmente tendrá a un estudiante —y al parecer menos hoy en estos tiempos compulsos— que llegue hasta su despacho y le diga: «*¿Quiere enseñarme cómo armar un cohete espacial?*». Pero habrá alguno que rompa el molde de la monotonía y de la estandarización, uno con un talento de otro nivel que convierta a un profesor, incluso menos capacitado que la media del profesorado, en otro mejor académico. Miguel Ángel, Pedro, Celestino, Raquel, José y Luis, se los encontraron en muchos momentos de su trayecto.

3) La buena docencia universitaria y el desarrollo académico docente

Hace escasos cinco años, la Red Estatal de Docencia Universitaria (REDU), organismo español, se dio a la tarea de diseñar un Marco de Desarrollo Académico Docente (MDAD), buscando aproximarse a darle significado a la categoría «buena docencia». Paricio, Fernández y Fernández (2019), argumentan señalando que a la docencia se puede percibir y explicar como algo simple: «(…) dicho de forma rápida, es tan solo una cuestión de saber mucho, exponerlo de forma organizada y clara y responder de forma adecuada a las dudas de los estudiantes. ¿Qué dificultad puede haber en esto?» (p. 10). Es evidente que la docencia es mucho más compleja. Una de las conclusiones de este libro de trayectorias lo puede sostener de manera enfática: la docencia universitaria es compleja, diversa e inabarcable. Tal diversidad y rasgos distintivos lo da el contexto, sin duda, pero más lo marcan las biografías personales.

La REDU, basada en un exhaustivo trabajo de investigación documental y analítico, diseñó el MDAD. De este, quiero destacar la parte de los niveles, concebidos como trayectos de progresión. De manera sintética, establecen los siguientes:

I. Una concepción basada en la enseñanza y los contenidos. Una buena docencia expositiva que, a decir de los autores, está atenta al aprendizaje, al diálogo, la planeación, el respeto, entre otros.

II. Se centra en el desarrollo de las competencias para que el estudiante pueda afrontar sus retos futuros. Se destacan las metodologías activas y colaborativas, con todo lo que ello representa.

III. El grado de progresión en este nivel no está en el enfoque en competencias, sino que se sirve de ellas para llegar al

aprendizaje como transformación. Los retos académicos en ambientes mucho más allá del salón de clases, distinguen este nivel, con el pensamiento crítico como un valor importante.
IV. Integra los anteriores, pero piensa a la docencia universitaria como un objeto de estudio.

Los profesores de estas historias vivieron la transición de un modelo a otro y de ninguna manera se puede afirmar que entendieron la docencia de forma simple, y mucho menos que la hayan vivido en la simplicidad de preparar una clase y desarrollarla en un aula. Cada cual, con sus rasgos, fue más allá. Por ejemplo, Pedro Ortega hizo una buena docencia expositiva donde el principal vínculo de encuentro entre sus alumnos y él, fueron los libros y las palabras (el reconocimiento del otro, dicho en sus términos). Sería muy aventurado sostener que hizo suyo el lenguaje y las prácticas de los niveles 2 y 3.

En cambio, a Miguel Ángel Zabalza lo persiguieron las inquietudes, las insatisfacciones y el descubrimiento de la soledad, y eso lo hizo pasar de ser un buen profesor expositivo, a utilizar estrategias del nivel 2 y 3 y, al igual que Pedro, trataron a la educación como un objeto de estudio, ambos en líneas de investigación distintas.

En el caso de Raquel Goldsmith, la dualidad justicia-injusticia signó su formación académica y luego su práctica docente. Estudió a los pedagogos del siglo XX y las propuestas educativas de Dewey, Freinet, Freire, por mencionar algunos. Fue tan expositiva como Celestino y Pedro, pero echó mano de metodologías activas, entre ellas el aprendizaje experiencial, igual que Celestino Fernández, a pesar de enseñar materias de las Ciencias Sociales. Ambos fueron perseverantes en buscar desarrollar el pensamiento crítico en el estudiantado. Por su parte, Moreno Mena empezó siendo un profesor de discurso (nivel 1), y los programas de formación y mejoramiento docente de la universidad lo acercaron al mundo de la planeación curricular y las competencias. Hizo uso del aprendizaje experiencial sin teorizarlo y permaneció en él los últimos años, haciendo de la realidad que lo circundaba, un salón de clases ampliado.

Y Luis Oviedo fue el que tuvo el cambio más visible de los seis. Pasó del nivel 1 en sus años tempranos, a ser un sujeto formado en el escenario de las competencias tipo pensamiento crítico, desarrollo de la comunicación efectiva, trabajo colaborativo. Su didáctica estuvo signada por el cambio y por intentar estar a la vanguardia en las novedades tecnológicas. Por ello, fue el más destacado y el único que explícitamente transitó por los vericuetos de la educación a distancia, tanto en el diseño de programas, como en el ejercicio de la docencia.

4) El último juego de abalorios y la pieza de valor: la lealtad, la conciencia del espacio social, el conocimiento (los libros)

Miguel Ángel Zabalza parece anticiparse a las conclusiones de estas biografías laborales cuando expresa, desde un montículo donde ha vivido casi todo lo que puede vivir el profesorado universitario, lo siguiente:

> Se argumenta que los profesores son profesores y los estudiantes, estudiantes; pero eso, siendo verdad, ha resultado una versión insuficiente. **Ahí está la persona**, no solo alguien que estudia, no solo alguien que enseña. La universidad tiene que ser entendida como espacio de vida y de encuentro entre personas.

Esa sola frase, expresada por un experto en la didáctica, combina tres categorías (abalorios), con los que pretendo dejar la nota final de este libro: **la lealtad, la conciencia del espacio social,** y **el conocimiento** que es el don que ofrece de manera inicial un profesor a un estudiante. La lealtad, cualidad o actitud (o ambas, depende si se define o se aplica). En su raíz está el no abandonar, no dejar a alguien a la deriva, no dejar de ser un soporte o, en términos levianasianos, no escatimar la compasión. Y como actitud, ser honesto, no engañar, no cometer injusticias. La permanencia es una forma de lealtad, consigo mismo y con las instituciones

Lo que se ve en estas seis historias, es que todos ellos, fueron leales a su profesión y a la universidad que los acogió, por treinta, cuarenta años.

El conocimiento y la conciencia del espacio social juegan en comunión. Raquel Rubio Goldsmith, después de más de cincuenta años de ser profesora, asume uno de los fines más complejos de la educación:

> Lo que hacíamos por la educación de los desfavorecidos no cabía en los salones de clases. Yo tenía un afán de búsqueda y hacer más cosas y en ello comprometía mi conocimiento y mi tiempo. Yo tuve la gran suerte de trabajar, a mis treinta y cuatro años de edad, en un proyecto de educación comunitaria que reafirmó una idea de pubertad que tenía sobre la educación: estudiar para hacer y practicar la justicia.

La exigencia y la responsabilidad social se dejan ver en este rasgo de la biografía de esta maestra. Al estilo de Paulo Freire, la educación como un instrumento para saber del mundo, tomar conciencia de él, de lo justo y de lo injusto, de lo real y lo imaginado, de lo posible y lo imposible, y luego, el conocimiento para ascender al plano de la utopía: practicar la justicia y la libertad, dos valores cruciales en la vida.

El último de los abalorios con los que se teje una pieza que bien podríamos denominarla como **la buena docencia**, la aporta Pedro Ortega con dos notas, una situando el papel del conocimiento a través de los libros, y la otra, determinante en sus planteamientos, enfocada a la ética docente.

> He llevado a las aulas lo que he trabajado. He puesto a disposición de mis alumnos lo que yo he escrito, mi pensamiento reflejado en la palabra escrita. Por supuesto, también otros libros con los que busco complementar lo mío. **Yo soy un profesor de libros**, y he tratado de ser maestro. En mi tiempo, en general, enseñábamos con libros. Enseñar aquello que tú piensas, aquellos que tú sabes, aquello en lo que tú crees. Si transmites lo de otros, ¿tú que haces?

Ser «un profesor de libros», es un planteamiento retador, porque implica una disciplina hacia la lectura y la escritura que no es usual en el gremio. Podría ser el leer y prepararte para impartir una buena clase, pero ¿escribir? La dificultad se multiplica. Y la dimensión ética de la docencia, tan compleja y tan difícil de ponerle formas, estrategias o recursos didácticos, el propio Ortega Ruiz la desciende al aula:

> En clase yo miraba el rostro y los ojos de los alumnos; tenía la imperiosa necesidad de saber quiénes eran ellos; rostro e historia, persona y contexto histórico. Solo así se podía acompañar su proyecto de vida. Debía saberlo y por ello tenía que estar cerca, caminar por las mesas de trabajo, no enseñar encima de la tarima, y mucho menos sentado en el escritorio del maestro.

En *Gambito de dama,* la niña prodigio espetaba al hombre del sótano con una pregunta sustantiva en educación: «*¿Me enseña a jugar ajedrez?*». El tipo, desconcertado porque era interpelado por una pequeña en un ámbito que le era desconocido, no atinaba a responderle. El sujeto, dedicado a darle mantenimiento al edificio que albergaba el orfanatorio, no era un enseñante. Si hubiera estado en su piel ese sentido de enseñar, informar, mostrar como los pregoneros, de inmediato la hubiese acogido. Los dueños de las seis historias de este libro, sí lo fueron.

Si usted, estimado lector o lectora, ha llegado hasta esta página, podría preguntarse: ***¿Cómo ser un buen profesor universitario?***

Espero que la respuesta no la busque en las experiencias de Celestino Fernández, Moreno Mena, Luis Oviedo. Como pudo leer, aun siendo pregoneros de una universidad en transición, su práctica docente, sus reflexiones y su visión sobre la educación, parten de su biografía personal. ¿Se puede aprender de esas historias? Sin duda, pero cambie el sentido de la pregunta, «¿Con qué me identifico de esas trayectorias? ¿En qué pueden mejorar mi concepto de educación, de Universidad, y mis maneras de estar en un salón de clases?».

Si las historias lo hicieron pensar, comparar, ver posibilidades, este libro habrá cumplido su finalidad.

REFERENCIAS BIBLIOGRÁFICAS

Berisso, D. (2015). *¿Qué clase de dar es el dar clases? Alteridad, donación y contextualidad.* Editorial Antropofagia.

Caballero, K. y Bolívar, A. (2015). El profesorado universitario como docente: hacia una identidad profesional que integre docencia e investigación. *Revista de Docencia Universitaria REDU, 36*(1), 57-77.

Chaverra, B.E., Gaviria, D.F., González, E.V., Muriel, J.M., Uribe, I.D., Moreno, J.D., Cardona, L.M., y Bustamante, S.A. (Eds.). (2023). *Cómo son y qué hacen los buenos profesores: Sus voces y las de sus estudiantes.* Fondo Editorial FCSH. https://hdl.handle.net/10495/33565

Dickens, C. (1980). *Grandes esperanzas.* Alianza Editorial.

El País (2016, 2 de julio). *Muere Elie Wiesel, rostro de la memoria del Holocausto.* https://elpais.com/internacional/2016/07/02/actualidad/1467489624_89 5536.html

Freire, P. (1994). *Cartas a quien pretende enseñar.* Siglo XXI Editores.

Fuentes, C. (2012). *Personas.* Alfaguara.

Gárate, A. (2023). *Trayectorias de profesores universitarios jubilados.* CETYS Universidad. [Texto no publicado]

Gárate, A., González, C.A., Becerra, D.E., Romero, E., Espinosa, J.L., Borboa, L.E., Pedreño, M., Gutiérrez, M., Ortega, P. y Mínguez, R. (2023). La pedagogía de la alteridad. Un compromiso ético con otro modo de educar. (R. Mínguez y L. E. Linares, Coords.). Octaedro.

Gárate, A., Linares, L. y Linares, R. (2010). *Memoria de muchos soles.* Laredo Editorial.

García, G. (2002). *Vivir para contarla.* Editorial Diana.

Hirsch, E.D. (2012). *La escuela que necesitamos.* Ediciones Encuentro.

Huston, N. (2017). *La especie fabuladora.* Galaxia Gutenberg.

Lira-Hernández, A. (2013). El corrido mexicano: un fenómeno histórico-social y literario. *Contribuciones desde Coatepec,* 24, 29-43.

López de Maturana, S. (2009). *Los buenos profesores. Educadores comprometidos con un proyecto educativo.* Editorial Universidad de La Serena.

Mèlich, J.C. (2010). *Ética de la compasión.* Herder.

Meseguer, J. (2016). *Pensamiento crítico, una actitud.* Universidad Internacional La Rioja.

Mínguez, R. (2022). *Pedagogía de la alteridad e identidad profesional del docente.* Seminario Internacional Horizóntica. México.

Moliner, M. (2007). *Diccionario del uso del español.* Editorial Gredos.

Moreno, J. (2024). *Relatos del barrio.* Página de Facebook.

Nyad (2023). En C. X. (Productor ejecutivo), *Nyad.* Netflix.

Ortega, P. y Romero E. (2019). *A la intemperie. Conversaciones desde la pedagogía de la alteridad.* Octaedro.

Ortega, P. y Romero, E. (2021). El valor de la experiencia del alumno como contenido educativo, *Teoría de la Educación. Revista Interuniversitaria, 33,*(1), 89-110.

Oviedo, L. (2011). *Medio mundo en un par de zapatos.* Editorial CETYS.

Oviedo. L. (2018). *Los cuentos que habito.* Editorial Pinos Alados.

Paricio, J., Fernández, A., Fernández, I. (Compiladores) (2019). *Cartografía de la buena docencia universitaria.* Narcea.

Pérez, A. (2019). *Sidi.* Alfaguara.

Pérez, R. (2023). *Todo lo de cristal.* Seix Barral.

Real Academia Española (2023). Mito. En *Diccionario de la lengua española* (23.ª ed.). https://dle.rae.es

Rodríguez, X. y Covarrubias, P. (2021). *Identidad del docente universitario: trayectoria, currículo y práctica pedagógica* [Reporte parcial de investigación]. XVI Congreso Nacional de Investigación Educativa, Puebla. https://comie.org.mx/congreso/memoriaelectronica/v16/doc/0871.pdf

Romero, E., Ortega, P., Linares, L.E., Gárate, A., Mèlich, J.C. (2023). *El hombre que va más allá.* En E. Romero. (Coord.) Editorial CETYS Universidad.

Tavis, W. *(1983). Gambito de dama.* Alfaguara

Varsavsky, J. (2023). *Viaje a los paisajes invisibles.* Adriana Hidalgo Editora.

Villoro, J. (2021). *La tierra de la gran promesa.* Random House.

Villoro, J. (2023). *La figura del mundo.* Random House.

Zabalza, M.Á. (2013). La formación del profesor universitario. *Revista de Docencia Universitaria, 11*(3) https://dialnet.unirioja.es/revista/12366/V/11

Zabalza, M.Á. (2016. 13ª ed.). *Diseño y desarrollo curricular.* Narcea.

Zabalza, M.Á. (2018). Identidad profesional del profesorado universitario. En Cantón, I. y Tardif, M. (Coords). *Identidad profesional docente.* Narcea.

Zabalza, M.Á. (2023). Coreografías didácticas y nuevos escenarios para la docencia universitaria en la postpandemia. *Arquetipos,* 56, 23-32.

Zabalza, M.Á. (2024). *Leer la vida… a través de un blog.* Narcea.

COLECCIÓN «UNIVERSITARIA»
Aquí puede consultar la información de todos los títulos
publicados en esta Colección